新 视 界

始 于 未 知　　去 往 浩 瀚

迈向物流强国

TOWARDS A LOGISTICS POWER

魏际刚 ◎ 著

上海远东出版社

上海人民出版社

图书在版编目(CIP)数据

迈向物流强国：中国物流业系统性变革与高质量发展 / 魏际刚著. —上海：
上海远东出版社，2024
（高质量发展与强国建设论丛）
ISBN 978 - 7 - 5476 - 2011 - 3

Ⅰ. ①迈… Ⅱ. ①魏… Ⅲ. ①物流—经济发展—研究—中国
Ⅳ. ①F259. 22

中国国家版本馆 CIP 数据核字(2024)第 082372 号

出 品 人 曹 建
责任编辑 陈占宏
封面设计 刘 斌

本书入选"十四五"国家重点出版物出版规划项目

高质量发展与强国建设论丛
迈向物流强国：中国物流业系统性变革与高质量发展

魏际刚 著

出 版 上海远东出版社
      （201101 上海市闵行区号景路 159 弄 C 座）
发 行 上海人民出版社发行中心
印 刷 上海中华印刷有限公司
开 本 710×1000 1/16
印 张 15.75
插 页 1
字 数 241,000
版 次 2024 年 6 月第 1 版
印 次 2024 年 6 月第 1 次印刷
ISBN 978 - 7 - 5476 - 2011 - 3/F·735
定 价 88.00 元

序
以系统性变革推动物流强国建设

　　物流业是基础性、战略性、先导性、引领性产业,其发展关乎生产、流通、贸易、消费、生活,关乎综合国力、国家竞争力、国家治理能力,关乎新发展格局构建,影响着国家与世界发展格局变化。作为全球有影响力的物流大国,中国在迈向现代化强国建设的新征程中,面对国内外形势的深刻变化,物流业该如何率先由大变强,为人民幸福、国家富强、全球发展作出积极贡献,是值得深入研究的课题。

一、中国是物流大国,但还不是物流强国

　　经过改革开放四十多年快速发展,中国已经成为具有全球影响力的物流大国、最大物流市场。铁路、公路、水运、航空、快递、配送等货运量、货运周转量、吞吐量、包裹量、配送规模位居世界前列。

　　物流基础设施取得重大成就,物流服务网络不断扩展。形成了以"十纵十横"综合运输大通道为主骨架的综合交通网,"八纵八横"为主骨架的高铁网络,"首都连接省会、省会彼此相通,连接主要地市、覆盖重要县市"的国家高速公路网络,"两横一纵两网十八线"为主体的内河航道体系。高速公路、高速铁路里程均位居世界第一,高速公路、高速铁路基本实现了"县县通"。邮政基础网络实现"乡乡设所、村村通邮"。

物流装备与技术水平不断提升。物流技术装备的自动化、信息化、数字化、智能化、无人化、柔性化、标准化水平不断提高。数智技术大大推进了智能物流发展,大数据智能分单、分仓、库存前置、末端配送,及时送达、定时送达、智能终端服务等越发普及,差错率越来越少,消费者体验不断提升。

物流市场不断扩大,市场主体日趋多元。中国是全球最大的物流市场,也是最重要的物流市场之一,是物流模式创新最活跃国家。国内物流市场主体众多。有一批大型骨干物流企业集团、大量中小物流企业群体。国有、民营、外资物流企业三足鼎立。民营物流企业大量涌现、富有活力。国内物流市场竞争激烈,市场不断细分,新需求催生新业态、新模式,电商物流、快递、即时配送、平台物流、智能末端物流等发展迅速。

物流与产业、地区进一步融合。物流深度融入农业、工业、服务业,提高了生产流通效率,提升了供需对接能力。物流增强了地区与外部市场连接能力,改善了地区发展环境,为地区产业结构优化创造了条件。

物流不断融进供应链体系。物流与商流、信息流、资金流耦合度增加,物流与生产、流通、消费融合加深,促进了国内国际物流供应链发展。

同时要看到,中国物流业存在一些突出问题,主要表现为:

粗放式发展。市场集中度低。企业多小散,行业利润率低,质量效益不佳。

集约化水平不高。互联互通、社会协同、组织化程度、综合性系统性有待提升,全社会物流成本偏高;综合交通运输体系、多式联运、综合物流等发展滞后。

结构性矛盾突出。铁路物流、航空物流、冷链物流发展严重滞后。农村、西部地区物流发展滞后,质量体系、标准体系、物流大数据平台等建设有待加强。

国际竞争力不强。国际连接能力、国际资源整合能力弱,难以提供高水平国际物流服务,物流国际化能力亟待提升。

应急物流薄弱。应急物资保障效果不理想。难以实现第一时间把合适数量、质量的应急物资以合适的方式送达目的地。

不可持续问题突出。如安全、环境污染问题。

供应链发展滞后。供应链体系韧性不足。供应链关键环节的控制力、供应链管理水平、供应链创新等存在短板。供应链运作效率低,供应链敏捷化、数字化、生态化、绿色化、安全化、平台化水平不高。

二、新形势要求加快物流强国建设步伐

"十四五"及未来更长一段时期,中国的工业化、数智化、市场化、城市化、全球化、绿色化、多元化将进一步推进,物流业发展的需求、供给、制度、资源环境均会发生重大变化。新型工业化全方位、立体式推进,迈向工业4.0和工业5.0,驱动以往单一、各自发展的物流业态向联结、联合、联动、共利、共赢、共享的综合物流与一体化物流转变;新产业革命推动着中国从消费互联网大国向产业互联网大国最终向"人-物-服务"互联大国迈进,加之消费升级和市场不断细分,电子商务物流、数智物流、平台物流、协同物流、准时物流、共享物流、末端物流、定制物流等会保持快速发展,数据驱动将成为物流发展的新动能。市场体系完善与政府职能转变,市场将在更广领域配置资源,充分竞争的市场将提高物流产业集中度;要素成本上涨、土地、资源环境、安全约束加强,对精益物流、绿色物流提出更为迫切要求;迈向高收入国家,要求加快发展更好服务于民、便利于民、普惠于民的民生物流;在构建人类命运共同体与全球发展倡议指引下,中国推动着东西方互动、普惠包容、合作共赢的全球化,"一带一路"物流、全球物流和供应链服务体系建设将深入推进。各类区域伙伴协定将为国际物流发展带来助力。受大国博弈、地缘政治冲突影响,全球供应链格局正发生重大调整,全球物流体系、结构与空间分布会有很大变化,全球物流与供应链竞争将更加激烈。

中国物流业正处在深刻变革的进程之中,物流与供应链的重要性更加凸显。改善物流绩效,增强物流能力,推动物流业由大变强,建设物流强国是适应、引领全球变革的必然要求,这对于提高经济运行效率和国家竞争力、调整经济结构和转变发展方式、扩大内需、繁荣市场、推进国际化、保障民生与供应链安全,构建新发展格局均有重要意义。

建设物流强国，就是建设物流硬实力、软实力、韧性能力全球领先的国家。中国要成为物流强国，这是人民之需、时代之需、世界之需。在建设现代化强国新征程中，中国物流业应进行体系、结构、功能、布局、效率等系统性变革，服务于构建新发展格局，统筹国际国内，统筹城乡，统筹当前与长远，紧紧把握新科技革命和产业变革的时代机遇，以"完善体系，优化网络，调整结构、增强功能、合理布局、创造价值、整合资源、互联互通，融合发展、一体化运作、节能环保、惠及民生"为着力点，以更好的体制机制和政策为保障，构筑起面向未来的物流和供应链服务体系。

三、建设物流强国的主要战略与重点任务

为推进物流强国建设步伐，相应可实施"八大战略"：

网络化战略。根据经济社会发展要求，完善和优化物流基础设施网络、组织网络、运营网络和信息网络，构筑统筹国际国内、沿海和内地、城市与农村、省市县乡、社会化与自营的不同层级、不同功能、有效衔接的现代物流服务网络。

一体化战略。世界是一体的。着力推进物流网络一体化、物流服务一体化、物流运作一体化、物流供应链一体化、物流功能一体化、物流市场一体化，以及物流产品体系化。

精细化战略。满足不断分层化、分散化和精细化的市场，紧扣用户体验、产业升级和消费升级的需求，使物流服务精准定位、精细服务、精细管理、精确评价、精益求精。

智能化战略。把握新科技革命和产业变革的重大机遇，抢占未来发展的制高点。应用自动化、信息化、网络化、数字化、智能化技术，实现物流资源的全方位连接和安全、高效、灵敏、实时、可控、人性的智能物流服务。

融合战略。着眼于物流业服务生产、流通和消费的内在要求，加强物流资源和供应链整合，提升物流服务和供应链管理能力，推动物流业与各次产业、地区经济互动协同发展，充分发挥物流业在国民经济中的桥梁、纽带、筋

络、助推器、总调度等作用。

全球化战略。把握全球化和国际格局变化的新特点，本着"利他共生、共创共享、互利共赢"的原则，深化国际合作，主动参与国际分工，提升中国在全球价值链中的地位、在全球供应链中的影响力，提升全球连接、全球服务，提供全球解决方案的能力，打造连接世界的全球物流体系。

可持续战略。着眼于生态文明、环境友好、资源节约和安全等可持续发展目标，推动土地、能源、资源的集约和节约，减少污染、降低排放，最大限度地减少物流活动的负面影响。

创新战略。通过理念、制度、服务、商业模式、组织、流程、管理、品牌、渠道和技术等方面创新，使物流业创造更多价值来满足经济社会发展的需要。

建设物流强国是一项系统工程。战略指引下相应有诸多重大任务，重点可抓好三大任务：构建强大、智能、绿色的国家物流系统，打造连接世界的全球物流体系，推进物流现代化。

国家物流系统是从总体和长远的角度，着眼于国民经济总效率、总效益，根据物流活动的时空范围、物流服务的内在联系、物流发展规律，通过市场和政府力量的有机结合，优化配置物流资源，形成一个涵盖交通运输、邮政、快递、配送、仓储、包装、装卸搬运、流通加工、信息等在内的跨行业、跨地区、多层次、全方位连接的综合物流系统，具有"互联互通、社会协同、全方位集成、大规模定制"等功能特征。强大、智能、绿色国家物流系统的构建，有利于消除"孤岛"效应，提升全社会物流资源互联互通与综合协同的能力，有利于为生产、流通、消费、各次产业、人民生活提供更优的物流服务，有利于为用户创造价值、为企业提升能力、为社会节约资源、为国家创造竞争优势，为经济、社会、生态乃至军事提供强大的物流保障。

全球物流体系是中国连接各国各地区的物流服务体系，服务于中国的全球生产网络和贸易网络及世界各国的发展，推进世界各国互联互通。全球物流体系由"四梁""八柱"构成："四梁"，即全球物流信息系统、全球物流标准体系、全球物流政策体系和全球物流运营体系；"八柱"，即国际铁路运输网络、国际公路运输网络、国际航空运输网络、国际海运网络、国际管道网络、国际快递网络、国际仓储网络和国际配送网络。全球物流体系的建设，将极大增强中国连接世界的能力，支撑中国实现"全球买、全球卖、全球造、全球运、全球递、全球通"，也为全球供应链的稳定、安全作出重要贡献。

物流现代化是从传统物流向现代物流、未来物流转变的必由之路，是物流业全面、持续升级的方向。要加快推进物流业发展理念与模式现代化、基础设施现代化、要素与技术装备现代化、组织运营现代化、绿色化，以及制度现代化。

在建设物流强国的新征程中，作为重要市场主体的物流企业该如何发展？需因势而变，持续升级，提升服务水平，打造面向未来，更具韧性、竞争力，可持续发展的能力。提升连接能力：形成更强的物流网络连接、信息连接、数据连接、用户连接等能力；提升快速响应能力：对市场做出灵敏反应，灵活变化；提升定制能力：满足市场日益细分与个性化需求；提升增值能力：为用户创造更多价值；提升创新能力：以科技创新、商业模式创新推动服务持续创新；提升安全保障能力：坚守安全底线，有效防范与应对安全事故；提升绿色发展能力：秉承资源节约、环境保护、生态友好理念，低碳发展、绿色发展、循环发展、可持续发展；提升竞争力：大型企业努力成为世界一流企业，中小企业做到专精特新深。

古人云，"得其一，万事毕"。建设物流强国要求物流业进行从宏观到中观再到微观，从城市到乡村，从国内到国际的全方位系统性变革。这种变革不是简单的修修补补，也不是局部或短期行为，而是全局性、整体性、长远性的。实现了这种变革，中国就能实现物畅其流，通达天下。

目 录

国内篇

国际篇

政策篇

战略篇

第 1 章
中国物流业现状、形势与任务

物流业是基础性、战略性、先导性、引领性产业,其发展关乎生产、流通、贸易、消费、生活,关乎综合国力、国家竞争力、国家治理能力,关乎新发展格局构建,影响着国家与世界发展格局变化,如图 1.1 所示。

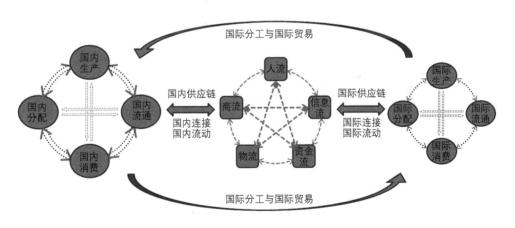

图 1.1 物流与国内国际经济大循环

作为全球有影响力的物流大国,中国在迈向现代化强国建设的新征程中,面对国内外形势的深刻变化,物流业该如何率先由大变强,为人民幸福、国家富强、全球发展作出积极贡献,是值得深入研究的课题。

一、中国物流业发展现状

（一）中国是全球物流大国

经过四十多年发展，物流业已经成为国民经济支柱产业和重要现代服务业。全国社会物流总额从 2008 年的 89.9 万亿元上升到 2023 年的 352.4 万亿元（见表 1.1）。2023 年铁路货运量 50.4 亿吨，公路货运量 403.37 亿吨，水路货运量 93.67 亿吨，民航货邮运输量 735.4 万吨。全国铁路货物周转量 3.64 万亿吨公里，公路货物周转量 7.4 万亿吨公里，水路货物周转量 12.99 万亿吨公里。2023 年，全国累计完成快递业务量 1 320.7 亿件。铁路货物发送量、铁路货物周转量、公路货运量、港口吞吐量、快递量均居世界第一，民航货运量居世界第二。

表 1.1　2008—2023 年全国社会物流总额及其增长速度

年份	社会物流总额（万亿元）	同比增长
2008	89.9	19.5%
2009	96.7	7.4%
2010	125.4	15%
2011	158.4	12.3%
2012	177.3	9.8%
2013	197.8	9.5%
2014	213.5	7.9%
2015	219.2	5.8%
2016	229.7	6.1%
2017	252.8	6.7%
2018	283.1	6.4%
2019	298.0	5.9%

（续表）

年份	社会物流总额（万亿元）	同比增长
2020	300.1	3.5%
2021	335.2	9.2%
2022	347.6	3.4%
2023	352.4	8.9%

资料来源：中国物流与采购联合会。

在规模快速扩展的同时，物流能力有很大提升。截至 2023 年底，全国铁路营业里程达到 15.9 万千米，其中高速铁路运营里程达到 4.5 万千米。公路总里程 544.1 万千米，其中高速公路 18.4 万千米；内河航道通航里程 12.8 万千米，其中等级以上航道 6.8 万千米，高等级航道 1.7 万千米；港口生产用码头泊位 21 905 个，其中万吨以上的码头 2 883 个；民用航空运输机场 259 个，年旅客吞吐量超过千万人次的有 38 个。截至 2023 年底，全国营业性通用（常温）仓库面积约 12.4 亿平方米，各种类型的物流园区不断涌现。物流基础设施的大发展为物流能力的提升奠定了坚实的基础。

（二）物流市场开放程度高

改革开放之初，跨国物流企业就开始进入中国。20 世纪八九十年代，先后有联邦快递、敦豪、联合包裹、马士基等跨国物流企业在中国建立合资企业。中国加入世界贸易组织后，物流业进一步扩大开放。2006 年起，外资企业在中国可自行设立分销网络，独立经营物流业务。凭借规模、资金、技术和管理等优势，跨国物流企业已从原先主要以合资为主逐步走向独资，从单一业务走向综合物流业务，从集中于中心城市物流业务向构筑全国性物流网络展开。例如，联邦快递在广州白云机场设立亚太转运中心，联合包裹在香港、上海、深圳设立航空转运中心，敦豪设立香港转运中心和上海北亚转运枢纽。开放的中国物流市场成为世界物流市场的重要组成部分，成为跨国企业竞逐的焦点。2014 年 9 月，中国全面开放国内包裹快递市场，对符合许可条件的外资快递企业，按核定业务范围和经营地域发放经营许可。"引进来"的同时,国内物流企业也迈开了国际化步伐,逐步开拓国际物流业务和进行海外布局。特别是在"一带一路"倡议引领下,中国物流业加快了在海外布局的步伐。

(三) 物流业发展不平衡

受经济、生产力、基础设施、市场化程度、信息化水平、需求等因素的影响,各地物流发展水平不平衡性明显,如表 1.2 所示"2020 年全国省级商贸和物流基础设施数据"。

表 1.2　2020 年全国省级商贸和物流基础设施数据

省区市	基础设施						
	商贸基础		物流基础				
	连锁零售企业门店总数	亿元以上商品交易市场数	铁路运营里程	高速公路里程	内河航道里程	通航机场数量	邮政业网点数
	个	个	千米	千米	千米	个	处
北京	10 307	88	1 404	1 173	0	2	4 495
天津	2 610	41	1 186	1 325	88	1	3 926
河北	8 387	178	7 941	7 809	0	6	14 323
山西	5 814	30	6 251	5 745	467	7	8 185
内蒙古	2 134	43	14 190	6 985	2 403	19	7 327
辽宁	7 045	148	6 627	4 331	413	8	10 385
吉林	3 166	39	5 043	4 306	1 456	6	5 736
黑龙江	1 715	46	6 781	4 512	5 098	13	8 391
上海	22 548	113	491	845	1 654	2	5 919
江苏	21 080	420	4 174	4 925	24 372	9	24 643
浙江	23 495	644	3 159	5 096	9 758	7	25 229
安徽	8 995	104	5 287	4 904	5 651	6	15 022
福建	13 113	102	3 779	5 635	3 245	6	8 365
江西	6 676	107	4 917	6 234	5 638	7	10 491

（续表）

省区市	基础设施						
	商贸基础		物流基础				
	连锁零售企业门店总数	亿元以上商品交易市场数	铁路运营里程	高速公路里程	内河航道里程	通航机场数量	邮政业网点数
	个	个	千米	千米	千米	个	处
山东	18 534	383	6 924	7 473	1 117	10	17 679
河南	7 365	118	6 519	7 100	1 403	4	19 184
湖北	10 894	108	5 185	7 230	8 488	7	14 261
湖南	10 977	285	5 646	6 951	11 496	9	12 061
广东	28 477	273	4 871	10 488	12 251	8	32 335
广西	7 767	61	5 206	6 803	5 707	8	10 311
海南	930	7	1 033	1 254	343	4	2 109
重庆	6 984	142	2 356	3 402	4 352	5	10 164
四川	17 065	111	5 312	8 140	10 881	16	28 160
贵州	2 020	50	3 873	7 607	3 954	11	11 565
云南	6 828	29	4 220	8 406	4 589	15	11 767
西藏	100	3	785	106	0	5	1 232
陕西	5 427	46	5 589	6 171	1 146	5	12 492
甘肃	2 358	31	5 113	5 072	911	9	5 991
青海	154	8	2 975	3 451	674	7	1 671
宁夏	1 471	35	1 663	1 946	130	3	1 637
新疆	4 909	98	7 831	5 555	0	22	4 019

资料来源：作者整理。

　　从社会物流总额的绝对值构成来看，工业品物流总额占社会物流总额的比重从 2001 年的 82.8% 增长到 2023 年的 88.7%，工业物流在国民经济发展中占据主导地位，是推动社会物流总额增长的主要动力。与消费市场紧密连接、竞争激烈、技术水平要求较高的家电、日用化工、烟草、医药、汽车、连锁零售和电子商务等行业物流需求旺盛，特别是快递业呈现高速发展态势。居于产业链上游、资本密集型的农产品与农资、钢材、煤炭、矿石等大宗物资物流发展相对滞后。

（四）多元化物流发展格局

物流已经形成多种所有制并存、多元主体竞争、多层次服务的格局。从物流企业所有制成分看，国有、民营和外资三足鼎立；从需求看，既有民生需求，也有来自农工商等产业需求；从提供主体看，既有传统企业，也有专业化企业和新兴企业。在近些年物流业重要性日益显现的趋势下，社会资本纷纷进入物流领域。服务产品和服务模式日趋呈现多样性，第三方、第四方、供应链、平台、联盟、O2O、众筹等多种经营模式加快发展。服务空间分布上有同城、区域、全国、跨境等多种类型。服务时限上有"限时达、当日递、次晨达、次日递"等多种类型。物流企业不断开拓业务范围，开展代收货款、上门取件、代客报关、代客仓储、代上保险、代发广告、签单返回等时效业务和增值服务；冷链、跨境包裹、社区代收货、智能快递箱、农村快递、即时配送等新兴业务不断涌现。物流业与电子商务交叉渗透融合进程加快。物流服务竞争方式日趋多样化、差异化，竞争形态发生了很大变化。电商物流、快递快运、物流地产、冷链物流、航空物流、物流物联网等细分市场成为投资关注点。一些物流企业加快发展供应链服务。

（五）物流服务科技水平有较大提升

物流集成化和自动化水平有较大提升。物流行业自身技术进步较快，信息化程度不断增强。高速铁路、高速船舶、自动化立体仓库、自动分拣设备、智能物流设备等现代物流装备进入快速发展期，物流企业普遍使用手持终端、车辆卫星定位技术、电子条码、无线靶枪等，互联网、车联网、物联网、大数据、云计算等技术加快应用，信息网络技术与物流业进一步加快融合，信息网络技术对物流业务的支持能力进一步增强，物流供需匹配 App 系统受到重视。

（六）物流产业组织结构有所优化

由中国物流与采购联合会发布的"2023 年中国物流企业 50 强"显示，2022 年榜上 50 家企业物流业务收入共达 23 456 亿元，物流企业 50 强门槛达到 77.4 亿元。50 强物流企业物流业务收入合计占物流业总收入的比重升至 18%，为历年最高水平。快递、配送、电商物流、物流地产等细分市场品牌集中、市场集约趋势进一步显现。

二、中国物流业发展的主要问题

中国已成为物流大国，但还不是物流强国，物流绩效并不理想。成本高、集约化水平不高、产业支撑度不足，诚信、标准、人才、安全、环保等"软实力"不强，尚不能满足现代物流国际竞争的需要。物流整体市场环境较为严峻，物流企业经营压力持续加大，收入利润率低。地方保护、不正当竞争、诚信体系缺失等问题依然存在，资金短缺、人才短缺问题难以缓解，创新驱动的内生机制尚未建立。国家支持物流业发展的诸多政策有待落实。这些对物流业进一步发展提出了严峻挑战。

（一）物流绩效有待提高

近年来，全社会物流总费用占 GDP 比重有所下降，但仍然较高。据国家发展改革委、国家统计局等部门联合发布的数据显示，2023 年社会物流总费用与 GDP 的比率为 14.4%。2000—2023 年，中国社会物流费用占 GDP 比重持续下降，但与美国依然差距较大。虽然中国社会物流总费用占 GDP 比重由 2000 年 19.2% 下降到 2023 年的 14.4%，降幅明显，但与美国（2022 年为 9.1%）相比依然差距较大。如图 1.2 所示。

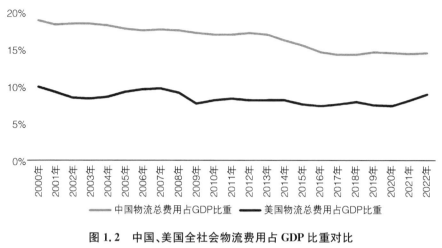

图 1.2　中国、美国全社会物流费用占 GDP 比重对比

资料来源：国家统计局、中国物流与采购联合会、美国供应链专业协会。

（二）物流业整体创新能力有待提升

物流业整体创新相比于创新活跃的生产制造环节和交易环节有所滞后。物流企业缺乏创新动力，研发投入低，商业模式创新、组织创新、技术创新、管理创新等滞后，尚未进入"创新驱动"的发展新阶段。物流企业的组织惯性现象普遍，对已有的物流服务体系优化升级的意愿不强。此外，国内物流企业的创新面临来自跨国公司的技术壁垒、资金壁垒、外部资源壁垒，以及企业自身对创新的阻碍，如技术依赖等。这些严重阻碍了物流企业的创新发展。

（三）物流国际化水平低

中国全球连接能力不强，国际资源整合能力弱，国际竞争力弱，缺乏国际战略通道和战略支点，缺乏全球物流治理能力，滞后于全球化发展进程，物流的国际化能力亟待提升。麦肯锡的研究表明，美国和德国是全球连接能力最强的国家，中国的全球连接能力只有它们的一半。与中国作为贸易大国地位相比，物流业尚未形成与之匹配的全球物流和供应链体系，进出口所需的物流服务很大程度上需要依赖国外跨国物流企业。中国的国际物流企业规模偏小,不仅缺乏规模优势,难以承担大型业务项目,而且附加值低,业务面单一,难以形成齐全的物流产业链。

例如,中国国际海运在全球海运市场中控制力弱,中国对主要国际海运通道影响力小。从中国国际航空货运网络、国际快递网络、跨境仓储配送体系的建设看,目前还处于起步阶段。中国在国际物流服务标准制定上缺乏话语权。中国的产品出口已经覆盖 230 多个国家和地区,但中国尚无一家物流企业具有全球递达能力。

(四) 规范有序的物流市场尚未形成

部分物流企业经营不规范,服务意识淡薄,法律意识不强,诚信体系缺乏。统一开放、公平竞争、规范有序的物流市场远未形成。一些地方针对物流企业的乱收费、乱罚款问题突出。信用体系建设滞后,物流业从业人员整体素质有待进一步提升。不正当市场竞争行为时有发生。

(五) 物流不可持续和安全问题突出

公路、航空、铁路、水路等运输方式的资源、能源、土地等消耗和大规模排放问题突出。无效运输、不合理运输、过度包装等问题严重;企业节能环保意识不强,物流作业清洁技术和设备投入不足,循环物流、逆向物流等发展滞后。超载、超速、驾驶员操作不当以及报废车辆继续行驶造成的严重人身安全和货物损害事故时有发生,货物在运输途中存在作业人员乱抛乱扔、私拆偷拿行为,危化品仓储管理薄弱。信息安全水平很低,物流信息和快递信息泄露时常发生,部分物流企业对用户信息不能执行严格保密制度,存在内部人员利用信息谋利的情况,造成用户信息和个人隐私泄露,信息安全形势不容乐观。

食品、药品等民生物流问题突出。中国的农产品物流冷链在技术上和环节上与发达国家差距较大,食品物流过程冷链供应不足,冷链物流成本过高。

中国的农产品物流多以常温物流或自然形态物流形式为主，水果、蔬菜等农产品在采摘、运输、储存等物流环节上损失率高。食品物流基础设施建设落后，基础投入严重不足，专用仓库、恒温仓库、冷冻和冷藏仓库、生鲜加工配送中心、自动化立体仓库等数量有限。在食品物流技术研究及应用方面，冷冻冷藏保鲜技术水平落后于发达国家。医药物流水平尚停留在初级阶段，一体化综合物流管理能力不足。

（六）物流应急能力薄弱

在应对各类重大突发性事件时，难以做到"第一时间"应急物资的保障。由于传统物流经营互相封闭，割裂了物流各方面的联系，衔接不顺畅，难以及时满足应急保障的需要。现有长期形成的物流定式和以单纯追求经济效益最大化为驱动力的物流模式不利于应急物流的实现。现行的应急物流保障机制以行政命令为主要手段，有时不计物流运作成本，并且应急物流指挥体系不太完善、配送体系不健全，配送方式欠灵活。应急快速反应机制不健全，社会及部门间缺乏联动互动机制，缺乏所需的基础数据库支持，应急技术装备严重不足，应急采购制度不健全，应急物资的筹措、储存、运输和补给整个链条运作的整体性和系统性差，应急物资管理条块分割，反应能力有待提升。

（七）物流人力资源保障有待增强

中国物流人力资源总量和层次均不高，物流从业人员在学历结构、职称结构和技术等级结构等方面均与发达国家存在较大差距。物流人力资源后期培养力度不够，物流人力资源培养结构不合理，以物流科技创新和知识型物流人才为核心的教育体系尚未形成，在学校教育方面和职业培训方面，不能很好地满足物流企业对物流人才的需求。物流人力资源缺乏科学合理的战略性规划，企业员工缺少职业生涯规划。

（八）物流体制机制、法律政策等尚不完善

物流业管理体制和治理有待优化。物流管理涉及多个部门、多个行业，存在一定的部门分割、条块分割，不同部门间、地区间缺乏有效协调，阻碍物流业发展的体制机制障碍仍未打破。物流业政府管理呈分散化特征。

物流法律法规和政策不完善。物流立法相对滞后，缺乏专门的《物流法》。各类物流政策法规分散于各行业主管部门。既有法律法规之间存在重复规定或相互冲突等问题，缺乏系统性和一致性。

三、中国物流业发展面临的形势

未来一二十年，是中国物流业发展的重大战略机遇期，也是优化升级、竞争力提升和企业大规模"走出去"的重要时期。

（一）经济规模与贸易扩张、结构转换与升级对物流业发展带来深刻影响

中国未来一二十年有望成为世界第一大经济体，由此将成为物流需求增量和物流市场规模最大的国家。未来一二十年，中国将大力推进新型工业化，产业体系仍将有较大发展，大宗能源、原材料和主要商品的大规模运输方式和物流需求仍将旺盛。服务业和工业一道共同推动中国经济增长。产业结构的变化和逐步升级，生产方式的变化，带来"短、小、轻、薄"商品以及小批量、多频次、灵活多变的物流需求快速增加。中国与新兴经济体、发展中国家的贸易会进一步提升，中国的国际物流规模会有更大扩张。中国从中等收入迈向高收入国家，中产阶级规模的进一步扩大，广大居民消费的水平、心理、方式和结构的变化，要求物流发展更加注重服务质量、效率、品牌、特色、个性和体验，基于更高时间和空间价值的物流需求会越来越大。物流业未来发展

要能与中国成为全球第一大经济体、第一大消费中心相适应，能够有效承载巨大经济规模的铁路、公路、水运、航空、管道、邮政、快递、配送、仓储等基础设施网络，满足运输与物流装备的规模及路网密度等数量方面的要求，满足中国进入高收入国家的消费方式，与大规模出行、日益细分的市场以及超大规模的现代化农业、工业、服务业等生产活动相适应的高效率物流服务质量要求，满足日益个性化、低成本化、良好体验、高品质的本地生产生活相适应的便捷、灵活、快速响应、个性化、定制化的物流服务要求。

（二）新型城市化、区域一体化及区域增长新格局对物流空间分布、效率、获得性等提出更高要求

中国正经历着规模宏大的城市化，推动着物流活动集中于城市群、城市带、大中小城市和城际间，不断增加的物流量、机动车量以及能源短缺、环境污染、交通拥堵和道路安全等问题，迫切需要提升城市内、城际间物流效率，构建符合"以人为本、城乡统筹、大中小城市相协调"的新型城市化要求，具有功能强大、高效集约的城乡物流和配送体系。

区域经济协调发展以及一体化要求将加快区域物流一体化。东部沿海率先发展要求进一步优化东部物流服务体系。中西部区域增长新格局要求中西部加快物流业发展，改变物流业长期制约中西部地区发展的状况。随着网络零售市场持续下沉，三四线城市、县乡镇、农村电子商务将进一步发展，对三四线城市及县乡镇的电子商务物流发展提出更大需求。

（三）全球化纵深和开放新格局推动国际物流市场深刻调整

全球化推动中国与世界经济的联系和相互作用日益加深，要求中国与世界有更好的交通运输、物流、通信等基础设施连接。中国除了与发达经济体继续保持密切经贸往来外，与新兴经济体以及发展中国家的贸易增长将会成为新亮点。长期看，中国与各国国际贸易尤其是跨境电子商务仍将稳健增长，这将带动国际物流继续发展。

中国高水平对外开放推动物流高标准市场建设。丝绸之路经济带和 21 世纪海上丝绸之路为中国物流业走向世界、连接世界带来巨大机遇。更加开放和不断升级的物流市场将使以价格作为主要竞争手段的状况有所改变，服务、品牌、创新、社会责任等非价格竞争方式将会得到加强，专业性国际物流企业和基于专业化基础上的综合性国际物流企业将会得到更大发展。激烈竞争的物流市场推动物流领域的兼并重组持续发生，各种形式的物流联盟不断涌现，预计会出现超大规模跨国物流企业集团或联盟，市场集中度会进一步提高。由于国际经济新秩序尚未完全建立，国际贸易摩擦和各种形式的壁垒有可能增加。中国周边与全球地缘政治形势依然复杂，物流与供应链安全将受到贸易保护主义、地缘政治冲突、恐怖主义、极端主义、分裂主义等方面的挑战，这要求中国加强国际物流供应链安全体系建设。

（四）新技术突破和信息网络技术的广泛应用促进物流业升级

交通运输、物流、先进制造、信息网络、新能源、节能环保、新材料、生物科技等领域在孕育新的技术突破，高速铁路、大型高速船舶、绿色航空、新能源汽车、无人驾驶、智能交通、智能仓储、智能分拣、新材料技术、节能环保技术、物联网、下一代信息网络、现代管理、计算科学等将在物流领域得到更加广泛的推广和应用，互联网、移动互联网、大数据、云计算、物联网、人工智能等将与物流业深度融合，这些都对物流业升级带来重大促进作用。未来物流技术创新将显著反映出安全、快速、便利、自动化、信息化、数字化、网络化、智能化、个性化、多样化、人性化、精细化、绿色化和低碳化等特点。

（五）可持续发展和要素成本上升等驱动物流发展转型

未来一二十年，中国物流能源消耗仍处于增长期。由于物流企业运营所需的能源、劳动力、土地价格持续上涨，依赖"高投入、高消耗、高排放、低产出、低效益、低科技含量"的传统物流运作模式将难以为继，面临着降低成本、提高效率、可持续发展的要求。安全意识将更加深入人心，政府、企业和消费者会更加重视物流安全，以确保运输安全、仓储安全、装卸安全、快递安全、配送安全、加工安全、信息安全、社会安全和环境安全。

（六）供应链将会加快发展

供应链无论对企业发展、产业发展、地区发展还是国家发展都是十分重要的。供应链创新与应用，有利于加速产业融合，深化社会分工，提升产业集成和协同水平；有利于加强从生产到消费各个环节的有效对接，降低企业经营和交易成本，促进供需精准匹配和产业转型升级；也有利于物流更深更广地融入全球供应链体系，成为推进"一带一路"建设落地，打造全球命运共同体的全新动能。

（七）应急和民生物流的重要性日益凸现

中国自然环境和气候复杂多样，自然生态灾害严重。在加快推进工业化、城市化和经济社会转型时期，各类突发性事故发生概率将会加大，加之全社会安全意识不断提高，应急物流体系建设十分迫切。"三农"问题、医药卫生、社会救助、生活用品服务、邮政普遍服务、可追溯食品供应链管理等要求加快发展服务于民、方便于民、受益于民的民生物流。

四、建设物流强国的战略思路

中国物流业正处在国内外深刻变革的进程之中，物流的重要性更加凸显。改善物流绩效，增强物流能力，推动物流业由大变强，建设物流强国是应对全球变革的必然要求，这对于提高经济运行效率和国家竞争力、调整经济结构和转变发展方式、扩大内需、繁荣市场、推进国际化、保障民生与供应链安全，构建新发展格局均有重要意义。

建设物流强国,就是建设物流硬实力、软实力、韧性能力全球领先的国家。中国要成为物流强国,这是人民之需、时代之需、国家之需、世界之需。在建设现代化强国新征程中,中国物流业应进行体系、结构、功能、布局、效率等系统性变革,服务于构建新发展格局,统筹国际国内,统筹城乡,统筹当前与长远,紧紧把握新科技革命和产业变革的时代机遇,以"完善体系、优化网络、调整结构、增强功能、合理布局、创造价值、整合资源、互联互通、融合发展、一体化运作、节能环保、惠及民生"为着力点,以更好的体制机制和政策为保障,构筑起面向未来的物流服务体系。

到 2035 年,中国要成为世界物流强国。物流服务体系全面完善,物流网络省际互通、市县互达、城乡兼顾、乡乡有网点,村村有物流。物流结构全面优化,物流服务功能和水平全面提高,物流资源全面协同,物流与制造业、商贸流通、电子商务和农业全面联动,物流业与互联网、物联网全面融合,物流数字化、智能化程度全面提升,物流国际连接能力、国际竞争力全面增强,物流创新全面突破,物流可持续发展能力全面改善,物流现代化全面推进,物流业对国民经济和社会发展的战略性、基础性和先导性作用全面体现。全社会物流费用占 GDP 比重约为 8%,拥有 5—8 家国际竞争力很强的跨国物流企业集团,拥有大量专业化、精细化和特色化中小物流企业群体。到 2050 年,中国要成为世界领先的物流强国,引领全球物流业发展。

五、建设物流强国的战略任务

(一) 构建高效的现代物流服务体系

运用系统思想和理念,对运输、仓储、装卸搬运、包装、流通加工、快递、配送、信息等功能系统进行完善和优化,积极发展物流技术装备系统。加强铁路、机场、港口、码头、航道、货运枢纽、货运场站等重要基础设施以及物流枢纽、物流园区、物流基地、物流中心、配送中心、公共仓库等节点建设。重视宏微观物流系统内各要素的组织和重组，使之相互联系与协调。通过整体优化，提高组织化程度，发挥整体效能，获取整体效益。抓好物流功能、企业内物流、企业间物流、区域物流、物流基础设施、物流信息、人力资源和管理体制等方面的整合。

（二）促进物流业和相关产业联动发展

充分发挥物流业在各次产业的采购、生产、销售、配送以及供应链建设中发挥强有力支撑作用。加快物流业与制造业互动发展。结合制造业改造提升、转型升级和由大变强的战略需要，加快与制造相配套的现代物流体系和供应链管理体系建设，实现制造和物流的高效对接。加快物流业与农业互动发展。着力建设高度组织化、规模化、社会化的农村物流体系，形成"布局合理、双向高效、种类丰富、服务便利"的农村物流服务体系。支持物流企业向中小城市和农村延伸服务网络，构建质优价廉产品流入、特色农产品流出的快捷渠道。紧紧抓住电子商务高速发展的战略机遇，加快物流与电子商务融合发展。围绕以 B2B、B2C、C2C、O2O、C2B、跨境交易、移动终端、社交网络、直播电商为核心的电子商务物流需求，完善相应的电子商务物流网络布局，构建电子商务和物流业合作共赢的模式，促进物流和电子商务相互延伸和良性互动；推动物流业与商贸、产业集群等互动发展。在重要商贸区域、重点专业市场、产业集群区，大力发展集展示、交易、仓储、流通加工、运输、配送、信息功能于一身的物流平台，建立以物流配送中心和高效信息管理系统为支撑的"电子商务＋物流"基地。鼓励发展开放的第三方大宗商品电商物流服务平台，集约化利用资金、物流、信息等资源，提高流通效率。鼓励物流企业整合社会资源，破解大宗商品线上交易瓶颈，实现线上交易、融资，线下仓储、加工、配送的有机结合。支持传统大宗商品流通企业加快转型升级，成为新型流通主体。

（三）优化物流产业组织结构

鼓励优势物流企业加强联合和兼并重组，培育规模化、网络化、品牌化、现代化的大型物流企业集团。鼓励大型物流企业与中小物流企业优势互补、合作共赢。鼓励中小物流企业加强信息沟通，实施提升服务能力、质量、专业化水平和特色化的兼并重组。鼓励区域内、区域间物流企业兼并重组。鼓励总部物流企业与加盟企业以资本为纽带、业务协同为基础，治理结构完善为前提，实现一体化运作。鼓励国有和民营物流企业间兼并重组。支持国有物流企业深化改革、完善机制、业务重组和优化治理结构。推动国有物流企业战略性重组，支持国有物流企业间兼并重组。鼓励民营物流企业通过参股、控股、资产收购等多种形式，参与国有物流企业的改制重组。鼓励行业外社会资本进入，以及鼓励生产、流通企业与物流企业联合重组。

（四）完善物流市场体系

完善公路货运、海运、内河航运、铁路货运、航空货运、货运代理、仓储、邮政普遍服务、装卸搬运、流通加工、信息服务等基础性物流市场，加快培育和发展供应链物流服务、一体化物流服务、第三方物流、电子商务物流、平台型物流、快递、即时配送、集装箱多式联运、冷链物流、应急物流等新兴物流市场。加强城市群物流、特大城市物流、大城市物流、中小城市物流等城市物流市场建设，加快县域物流、乡镇物流、乡村物流等农村物流市场建设。加强钢铁、石油化工、汽车、轻工、纺织、医药、烟草、煤炭、危险品、特种货品、农产品等行业物流服务市场，加快小商品、大宗商品、快速消费品等综合性物流市场建设。

（五）推进区域物流协调发展

加强物流业与地区经济和城市发展的耦合，提升物流业服务地区经济的能力，推动地区经济发展。从"大市场、大物流"和"区域一体化、城乡一体化"角度，将地区物流业发展规划纳入地区经济规划，推动区域间物流通道、区域内物流网络、城市群物流、地区物流节点、集聚区"物流带"的建设。东部沿海发达地区在物流网络相对完善的基础上提升等级、质量和效率，中西部地区加快增加物流网络规模以及提高承接东部地区物流服务转移的能力,完善中西部地区物流网络,特别是加强西部物流基础设施建设。京津冀地区和长江经济带要加强交通运输和物流基础设施的互联互通,推进物流一体化。进一步完善城市物流体系,注重农村物流建设,加快发展农产品物流,逐步形成城市支持农村、城乡互促的城乡物流一体化发展格局。

（六）加快构建全球物流服务体系

把握全球化趋势和服务国家全球战略大局,加快物流国际化步伐,构建与周边国家、世界其他国家有效衔接的物流网络。支持优势物流企业加强联合,共同开发周边国家物流市场。支持优势物流企业实施"走出去"战略,联合、兼并和重组周边、欧美、新兴市场等国家的物流企业,构筑对外国际物流网络,打造有全球竞争力的物流企业。抓住"一带一路"建设的重大战略契机,加快构筑连接世界的全球物流通道,增强全球连接能力,构建全球物流服务体系。

（七）加快先进技术在物流领域的应用推广与创新

大力提高物流科技和信息化数智化水平,加快物联网、大数据、云计算、人工智能、区块链、移动互联、3D打印、二维码、RFID、车载信息系统、物流优化和导航集成系统、智能分拣系统、自动包装、机器人、新能源汽车、节能环保、新材料等新兴技术在物流领域的应用与推广。推动物流高速化、自动化、智能化、柔性化、透明化进程。积极汲取国外先进的物流管理方法和运作模式,通过消化吸收不断实现推陈出新。

（八）推动供应链管理和供应链服务体系建设

推动物流企业、生产企业、电子商务企业以及相关利益主体战略合作和业务协同,形成高效供应链合作,推动供应链全程电子化和可视化。支持物流企业构建整合的信息平台,加强供应链设计,系统规划商流、物流、信息流和资金流结构,推动供应链运作同步化、集成化和一体化,推动供应链资源集成和渠道融合,以最优供应链服务和更多增值服务来满足消费者的需求。

（九）加强民生物流和应急物流建设

支持快递、配送企业与连锁商业机构、实体店、便民服务设施、社区服务组织、机关学校管理部门以及专业第三方企业多种形式的合作,加强社区服务点、综合服务站、体验店布局,大力开展代投代收点服务。支持网购商务自提点、自提柜和自提快件箱建设。加快建立完善的食品、药品物流可追溯体系,对于有温湿度要求的食品、药品物流,构建全程冷链体系,确保食品、药品的安全。

大力发展以应对自然灾害、公共卫生事件、重大事故等突发性事件所需应急物资为目的,以追求时间效益最大化和灾害损失最小化为目标的应急物流体系,解决应急物资配送的"最后一公里、最后一百米"等突出问题。

（十）促进物流可持续发展

优化运输结构,发展绿色运输。加强铁路和水运建设,提升铁路和水运长距离大宗货物输送能力,降低公路长距离大宗货物输送比重。大力发展甩挂运输,推广使用节能和新能源汽车,加快使用低油耗飞机,促进社会低碳交通选择;提高交通运输装备燃料效率,加强交通运输碳排放管理;鼓励制造、流通、物流企业联合配送,提高车辆满载率和资源利用率,减少重复运输;推广多式联运,提高运输的组织化程度,减少迂回运输。

发展绿色存储。优化仓库布局,推广节能型绿色仓库,建设低碳零碳物流园区,采用先进的保质保鲜技术,降低各类仓储损耗。

发展绿色包装。本着"少耗材,可再用,可回收和可循环"的原则,鼓励企业简化包装,节约包装材料,减轻资源消耗。引导包装重复使用和回收利用,实行环境标志制度,使用"绿色标志""再生标志"。利用托盘、集装箱、周转箱等包装方式,推动包装的重复使用、再生使用。开发可分解、降解的包装材料,降低环境污染。

发展绿色流通加工。推动专业化集中加工,以规模作业方式提高资源利用效率,减少环境污染。集中处理消费品加工中产生的边角废料,以减少分散加工所造成的废弃物的污染。

发展废弃物物流和回收物流。加快建立一批回收物流中心,集中管理回收物品的运输、仓储、检测、维修、配送等,实现资源循环利用。加大废弃物处理设施的投资力度,建立工业和生活废料处理物流系统,实现废弃物的科学收集、分类、加工、包装、搬运、储存,并分送到专门处理场所,实现无害化处理。

第 2 章
构建强大国家物流系统[①]

　　长期以来,中国物流资源存在分散分割状况,市场主体和物流资源缺乏紧密联系与协同,中间环节多,科技含量低,创新能力弱,与相关产业联动不足,物流事故频发等问题,这不仅使全社会物流费用居高不下,也严重影响到国民经济运行效率和国家竞争力。物流已经成为影响现代化强国建设的关键因素之一。

　　为根本性解决物流业发展中的问题,顺应全球物流业发展趋势,把握新一轮科技革命和产业变革的时代机遇,紧扣中国作为全球最大物流市场的现实国情,应对物流业发展进行战略性、全局性、总体性设计,找到一种系统解决方案,使物流资源得以有机整合和合理配置,最大化实现物流的时间、空间、经济和社会等价值。要实现这样一个目标,需要从国家发展全局出发,构建一个着眼于国民经济总效率和总效益的强大、智能、绿色的国家物流系统。

一、国家物流系统的内涵

　　所谓"国家物流系统",就是从国家总体、长远和可持续发展的角度出发,从"全国一盘棋"的角度,着眼于国民经济总效率和总效益,根据物流业自身

---

　　① 本章与陈金晓共同完成。

发展规律,结合物流活动与辐射的时空范围,通过市场力量、科技力量和政府力量的有机结合,按照物流活动各环节之间的内在联系和内在逻辑,合理布局和配置物流资源,形成一个涵盖交通运输、仓储、包装、装卸搬运、流通加工、邮政、快递、配送、信息等在内的跨行业、跨地区、多层次、全方位连接的综合物流系统。

国家物流系统根据国家物流基础设施条件,将公路、铁路、航空、水路及管道输送等多种运输方式与物流节点有机衔接,将各自分散和未曾连接的物流服务和业务联系起来,打破"孤岛"效应,实现全方位互联互通,提供"适时、适地、适人、适物、适性"的高质量物流服务,为用户创造价值,为企业创造盈利能力,为社会节约资源,为国家创造竞争优势。国家物流系统将运输、仓储、装卸搬运、包装、流通加工、邮政、快递、配送及信息处理等物流基本活动有机集成,在物流战略、物流规划、物流政策、物流标准、物流设施网络、物流组织管理等不同层面实现大规模社会化协同。国家物流系统能够针对各种规模的企业和个人的个性化需求,提供强大高效的物流服务,实现物流市场的供需平衡、大规模定制化服务和自身的动态优化。

二、国家物流系统的构成

国家物流系统是国家经济、社会、环境综合系统的一个重要组成部分。国家经济社会的发展水平和层次决定着国家物流的发展水平和层次,一个强大、智能、绿色的国家物流系统是推动现代化强国建设的强大力量。

从物流活动的角度来看,国家物流系统是由交通运输、仓储、装卸搬运、包装、流通加工、邮政、快递、配送、信息等所有物流产业子系统构成的综合物流系统。国家物流系统在国家层面上将目前各自独立、分割的所有物流产业子系统囊括其中,依靠体制机制、政策规章、法律法规、信息技术等将分散的小系统通过链、平台、群等进行无缝衔接,实现资源整合的协同效应。如图2.1所示。随着物流业的发展,物流系统的边界不断外延和模糊,应根据其层次与经济、社会、生态的综合大环境系统的相互关系来确定。

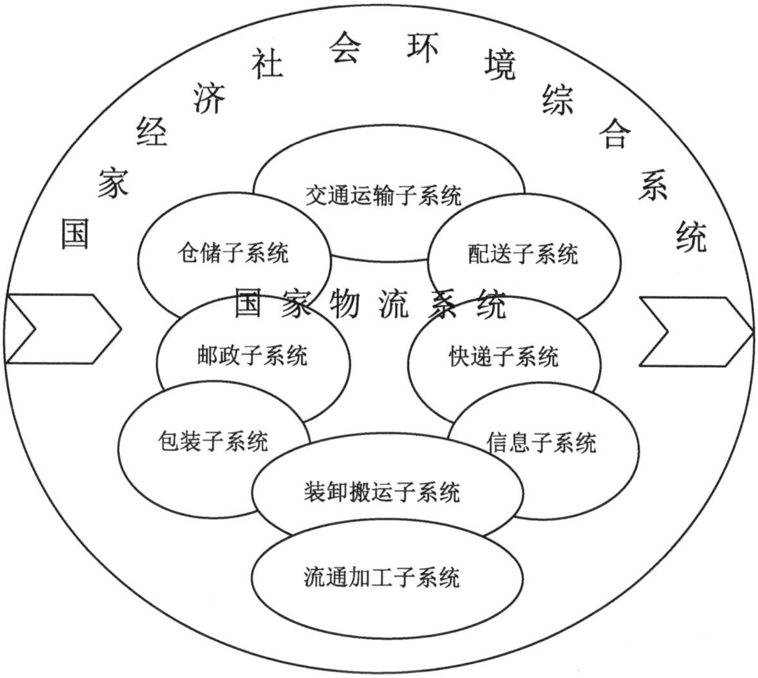

图 2.1　国家物流系统及其子系统(物流活动角度)

从物流系统运营的层面来看,国家物流系统是由物流基础设施、物流信息、作为物流服务提供主体的物流企业,以及与物流产品有关的经济政策共同构成的统一体。如图 2.3 所示。国家物流系统可以进一步细分为物流基础设施网络子系统、物流信息子系统、物流运营子系统和物流政策子系统。见表 2.1。

表 2.1　国家物流系统构成要素(系统运营层面)

子系统	要素	要素明细	具体内容
基础设施网络子系统	基础设施	交通基础设施	干线网络、支线网络、配送网络、末端网络
		专业基础设施	物流枢纽、物流园区、仓储中心、分拨中心、配送中心、乡村网点、社区网点、绿色清洁物流设施

（续表）

子系统	要素	要素明细	具体内容
信息子系统	信息	通信设施设备 现代信息技术 现代智能技术	智能化信息平台，信息采集终端，用户信息服务，互联网，移动互联，物联网，大数据，云计算，区块链，人工智能，GPS，北斗导航，信息监控，与海关、工商、税务、金融、保险等部门电子信息交换系统的连接
运营子系统	企业主体	各类物流企业	各种不同类型和不同规模的物流服务企业
政策子系统	政策法规	与物流服务相关的国际政策、国家政策、区域政策和地方政策	经济政策、产业政策、交通运输法规、邮政快递法规、环保政策、自贸协议、物流战略与规划、物流标准、行业规章等

在物流基础设施子系统中，交通基础设施和专业基础设施构成国家物流系统的实物流动硬件网络系统。这个系统中的铁路、公路、航道、航空线和管道构成网络的链接环节，在不同的物流节点形成主干网络、支线网络、配送网络和末端网络，是实物流动的重要通道；物流枢纽、物流园区、仓储中心、分拨中心、配送中心、乡村网点、社区网点、车站、港口等构成网络中的节点，对货物进行运输集成、分拨、包装、储存、配送，甚至展开流通中加工等增值作业。绿色清洁物流设施包括节能仓储设施、低排放和低能耗运输工具、绿色包装设计、回收再造设备等，是从环保角度发展绿色物流、构建低环境负荷循环物流体系的重要组成部分。如图 2.2 所示。

物流信息子系统则构成与物流相伴随的信息流的通道，是国家物流系统不可或缺的重要元素。依靠现代信息技术、现代智能技术、通信设施设备，物流信息子系统收集处理各物流活动主体、各环节及物流资源的信息，通过构建信息枢纽和智能化信息平台，运用大数据、云计算、互联网与移动互联、物联网、区块链、人工智能、GPS、北斗导航等实现对物流信息的实时采集、分析、处理和监控，为用户提供及时准确的信息服务，有效地保障物流各个环节服务的专业对接，优化物流资源配置和运行控制。

物流运营子系统由各类物流企业、辅助企业及利益相关主体有机构成，

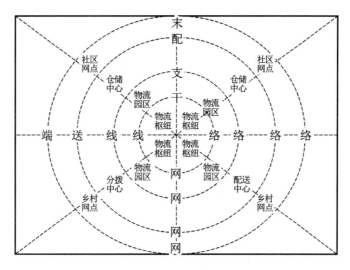

图 2.2　国家物流系统基础设施网络

实施优化后的物流服务。各类物流企业是提供物流产品与服务的经营主体，各类物流企业协同相关企业和辅助企业通过与客户的信息共享和数据交换，为各次产业提供强大高效的物流服务，为满足不同客户的个性化需求提供大规模的定制化服务。

　　与物流产品与服务相关的经济政策、产业政策、交通法规、环保政策、自贸协议、物流规划、物流标准、行业规章等构成国家物流系统的宏观环境。各有关政府部门和协会、银行等机构在不同层面上为国家物流系统的高效运行和社会化的协同运作提供有力保障。

三、国家物流系统的特征

　　国家物流系统是一个跨行业、多层次、全方位连接的综合物流系统，是时空物理系统与虚拟网络系统的有机整体，是实现虚拟与实体交互、服务与产品统一的集成优化系统。国家物流系统不仅具有一般系统所共有的整体性、目的性、层次性、相关性和环境适应性等基本特征，而且具有内在关联性、结构性、动态性、开放性、差异性、非线性、集聚性、标准性、服务柔性、辐射性等具体特征。

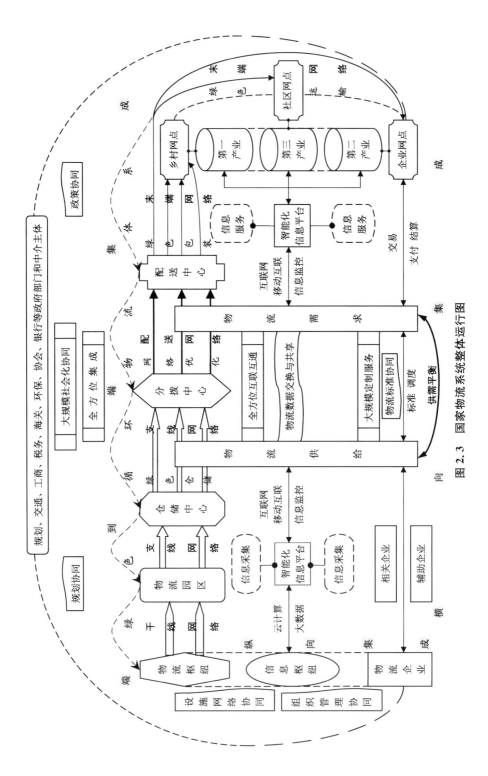

图 2.3 国家物流系统整体运行图

1. 整体性

整体性是国家物流系统的最基本特性。系统要素是构成系统整体的前提和基础。国家物流系统是在国家层面上由基础设施、信息、企业主体和政策法规等要素构成的具有强大、智能、绿色、高效、综合物流服务功能的有机整体。构成国家物流系统整体的各种要素具有独立状态下所不具备的性质和功能,形成了国家物流系统的质的规定性。国家物流系统表现出的整体性质和功能不等同于各种要素的性质和功能的简单加和,系统内部的联通、协同和集成水平直接影响到系统整体功能的实现。

2. 目的性

系统都是以实现某种功能为目的的,系统的目的性是区别不同系统的标志。系统的目的性一般通过更具体的目标来实现。国家物流系统通过对全国物流资源的合理布局和优化配置,以实现"全国一盘棋"的高效、智能、绿色、综合物流系统为目标。当子系统的目标不完全一致时,应通过子系统之间的协调配合寻求平衡,从而实现系统整体最优。

3. 层次性

系统无论大小,都可分解为一系列的子系统,并存在一定的层次结构。从系统运营的角度,国家物流系统可分解为基础设施子系统、信息子系统、运营子系统和政策子系统。各子系统处于不同的层面且具有独自的功能,它们通过相互联系、相互作用共同完成国家物流系统的整体功能。

4. 相关性

组成国家物流系统的各要素之间存在着相互关联、相互依赖和相互制约的特定关系。某一要素的变化会影响其他要素功能的实现。譬如,通信设施设备、现代信息技术在物流运营层面的介入能够提升各类物流企业的信息化水平和运营效率,而信息化的发展又能进一步提升物流信息服务的能力,推动信息技术的发展进步。

5. 环境适应性

任何系统都存在于一定的环境之中，必然要与外界进行物质、能量和信息的交换，外界环境的变化会相应地影响内部要素和系统功能的实现。系统具有适应环境变化，保持原有功能的特性。如图 2.1 所示，国家物流系统存在于国家经济、社会、环境综合系统之中，后者构成了前者运行和发展的外在环境。国家物流系统与外在环境之间存在着物质、信息、资金、能源、价值、业务等各种形式的交换，国家经济社会的发展水平和层次决定着国家物流系统的发展水平和层次。国家物流系统通过内外部协调、资源动态优化配置、应急能力建设、全面感知与智能控制等方式适应外部环境变化，提供强大稳健的综合物流服务功能，有力地支持国家经济、社会、环境可持续发展。

6. 内在关联性

内在关联性体现了国家物流系统的系统特性。构建国家物流系统的目标是从"全国一盘棋"的角度实现物流系统运营的整体最优。实现系统整体最优的途径不是依靠各种组成要素各自的最优，而是依靠各种要素的协同效应。国家物流系统是在系统运行机制的作用下，整合全国物流资源，实现各种要素和各个环节的协同运作。

7. 结构性

由于物流业的服务属性，结构性体现了国家的经济结构及其变动趋势对国家物流结构（如物流基础设施、服务范围、类别、路线及水平等）的重要影响。国家经济结构决定了国家物流结构。物流业是维系国家经济各个部门、产业和企业之间关系的纽带，并使之成为一个统一的有机整体。国家第一、第二、第三产业的发展创造了物流需求，为物流业的发展提供了广阔的平台。

8. 动态性

国家物流系统是一个具有满足社会经济发展需要、适应环境能力的动态系统，联结着全国的物流需求方和物流供给方，系统内的要素及系统的结构随需求、供给、渠道、价格的变化而发生变化。同时,社会物资的生产状况、资源变化、需求变化等也会影响国家物流系统。为适应不断变化的社会环境,国家物流系统的各个构成要素和结构也必须保持动态的更新和完善,才能保持良好的运行。

9. 开放性

开放性是指国家物流系统的内部子系统之间以及系统整体与外部环境之间在物质、能量、信息、技术、管理、政策等方面开放程度。国家物流系统具有高度开放的特性,其内部子系统之间的全方位联通和紧密协同需要大量的物质、能量和信息的交换,同时能够不断地从外界社会、经济、生态系统(全国范围以及跨国范围)获得并向外界传递物流要素和信息,不仅表现为劳动力、资金、物质、设备等物流资源的输入输出和合理流动,还表现为技术、信息、管理、政策等方面的开放。国家物流系统的开放性是物流系统活力的源泉,是衡量国家物流系统协同发展的重要影响因素,是实现物流资源最佳配置、物流系统整体最优的必然要求。

10. 差异性

由于在全国范围内的物流资源分布、物流各子系统发展的不均衡,国家物流系统内部呈现出不同程度的非均匀和多样化的特点,形成了物流的分工差异、分配差异和投资差异等。自组织理论强调"非平衡是有序之源"。国家物流系统的协同发展目标之一就是建立协同发展机制,打破原有平衡,使物流系统分工更加专业,物流系统发展更加多元化,物流系统资源流动更加合理高效,从而使物流系统远离平衡状态,进而保持国家物流系统旺盛而持久的生命力。

11. 非线性

国家物流系统内部以及与外部之间存在非线性相互作用的关系,这是各个产业之间协同、合作和竞争的结果。国家物流系统演化过程中要素间的非线性相互作用主要体现在以下三个方面:①物流产业之间、物流企业之间和职能部门之间的协同作用。②物流技术创新、组织创新、市场创新的相互作用。③资金、技术、劳动力之间的反馈作用。

12. 集聚性

国家物流系统的构成要素具有很强的吸附性，能够在全国乃至全球范围内吸引更多的资源和空间集聚，形成规模化的集聚效应。国家物流系统集聚的要素包括物流基础设施要素、各类物流企业、其他物流经济要素和社会要素、部分自然要素等。国家物流系统正是依靠物流要素本身的集聚和易于结合的特性，发挥对物流要素的归纳和吸收作用，实现与其他类型经济要素的结合，从而不断扩大物流系统的规模，实现大规模社会化的协同发展。

13. 标准性

国家物流系统运行中的作业、设施、设备、管理、信息共享等之间的标准化程度，是实现各环节互联互通和协同发展的重要保障。低成本、高效率、高效益的国家物流系统必须依靠标准化建设。物流作业的标准化、物流设施的标准化、物流设备的标准化、物流管理的标准化、物流信息的标准化等是国家物流协同体系运转的重要支撑。

14. 服务柔性

国家物流系统针对各种物流需求灵活提供物流服务的水平，要求物流服务必须适应消费需求的"多品种、个性化、小批量、多批次、短周期"趋势，在各个层面灵活组织和实施物流作业，尽可能满足客户的多样化、个性化、定制化的物流需求。同时，由于物流服务需要多个物流主体、不同物流资源要素的分工协作，准时提供物流服务也是国家物流系统协同水平和能力的重要考量。

15. 辐射性

辐射性是指各种物流要素的集聚对周边物流经济产生的辐射和带动效用。国家物流系统的构建和整体功能、协同程度的增强，使得全国范围内的物流协同效应和整体效应充分显现,将对周边地区乃至全球范围内的物流经济发展产生强烈的辐射和带动效用,进而不断扩大物流辐射范围和资源集聚,促使国家物流系统协同发展形成良性循环。

四、国家物流系统的功能

从系统的观点来看,国家物流系统是一个由众多子系统、主体、要素等组成的复杂的、开放的巨系统,其系统内各子系统、主体需通过互联互通和相互协同,才能实现整体效益的最大化。国家物流系统连接生产、流通、消费,参与系统内外两大经济循环并服务于生产市场和消费市场,其基本框架包含物流供应主体和需求主体以及物流设施网络、物流信息网络和物流组织网络。国家物流系统的发展强调国家物流产业经济、物流生产运作、物流资源环境、物流基础设施、物流组织管理和物流技术等方面发展的联通性、协同性、可持续性,强调横向、纵向、端到端的全方位集成化,强调对"多样化、个性化、定制化"物流需求的满足。因此,"联通、协同、集成、定制"是国家物流系统的基本功能和发展趋势。从国家层面全盘考虑和统筹国家物流系统的协同发展,健全国家物流协调互动机制,构建国家物流协同体系具有十分重要的现实意义。

(1)全方位互联互通

实现多主体间的全方位互联互通是构建国家物流系统的基础。根据主体间的关联分析,可以将国家物流系统的联通分为外部层面联通和内部层面联通。国家物流系统的外部层次联通是国家物流系统整体与外部经济、社会、环境主体之间的联通,包括与国家经济系统的互联互通,与国家社会系统的互联互通,与国家环境系统的互联互通。国家物流系统外部层面联通表现在国家物流系统主体与外部主体存在物质、信息、资金、价值、业务、能源等各种形式的有机衔接和交互。根据主体层级关系,可将国家物流系统的内部层面联通分为决策层面、管理层面和操作层面三个层次。如图 2.4 所示。

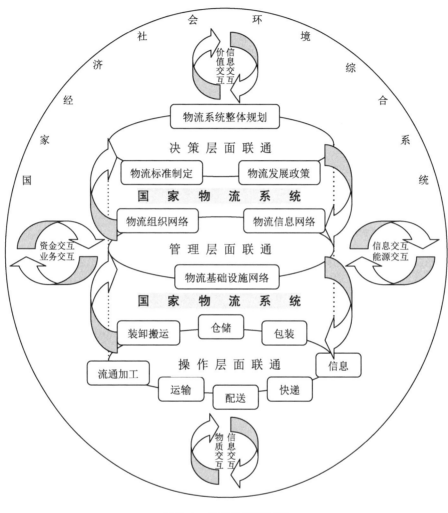

图 2.4　全方位互联互通

国家物流系统决策层面的联通是指全国各地区的政府部门、行业、龙头物流企业等规划、决策主体在物流系统整体规划、物流发展政策、物流标准制定等方面的联合统一。决策层面的联通体现出一种长远的、可持续发展的理念，关系到国家物流系统发展的方向和方式。

国家物流系统管理层面的联通是指全国各地区的政府部门、中介企业、物流供给企业、物流需求企业等主体在物流基础设施网络、物流组织网络、物流信息网络之间的互联互通。这些联通既相互独立又相互作用，是国家物流系统高效运作的保障平台。

国家物流系统操作层面的联通是指全国各地区的物流主体在物资流通各个业务功能环节的有机衔接,包括物流设施衔接、物流设备衔接、物流作业方式衔接、物流技术衔接、物流流程衔接等内容,是国家物流系统有序运作的基础。

（2）大规模社会化协同

系统协同包括要素协同、组元协同、子系统协同等,但这些协同更多的是通过具有"活"性的主体之间的协同来体现。主体协同是系统中诸多主体相互协调、合作或同步的联合作用和集体行为,是系统整体性、相关性的内在表现。国家物流系统是一个复杂的、动态的、自组织的多主体系统,其通过主体在功能、环节、信息、技术等方面互相配合产生协同作用和合作效应,使系统在宏观上和整体上表现为具有特定的结构或功能。国家物流系统的大规模社会化协同具体是指国家物流系统中的供给主体、需求主体、行业协会及其关联的政府管理部门和银行保险等中介主体在物流运作过程中通过合作、协调、同步,在物流规划、物流政策、物流标准、组织管理、设施网络等方面实现协同。国家物流系统的有效运转必须依赖于多主体的协同,才能实现国家物流系统的总效益最大化。

系统内主体之间通过物质、能量、信息交换等方式相互作用,使整个系统产生整体效应就可以理解为协同效应,该效应是系统微观主体层次所不可能具备的。根据国家物流系统多主体在不同层面协同的效果来看,其协同效应可分为外部层面协同效应和内部层面协同效应。外部层面协同效应是指国家物流系统内部主体与外部经济、社会、环境主体协同所产生的效应,其主要表现为社会效应、经济效应和环境效应,这也是国家物流系统辐射效应的体现。内部层面协同效应是基于国家物流系统内部主体之间,在物流资源整合和信息共享基础之上,所产生的专业经济效应、规模经济效应、范围经济效应、知识创新效应以及技术扩散效应等的综合体现。如图 2.5 所示。

（3）全方位集成

集成是国家物流系统基本功能的核心。国家物流系统建设要求实现包括纵向、横向、端到端在内的全方位高度集成。通过将随处可置的传感器、嵌

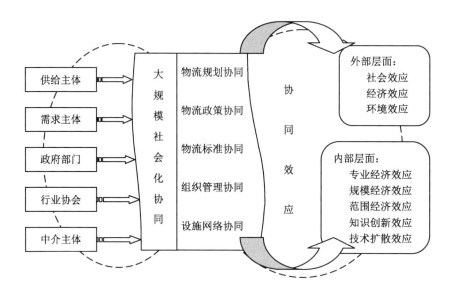

图 2.5　大规模社会化协同

入式终端系统、智能控制系统、通信设施设备等利用信息物理系统形成智能网络，实现虚拟系统与实体系统的结合，从而使人与人、物与物、服务与服务、人与物、人与服务、物与服务之间能够高度联结。

纵向集成主要针对企业内部的集成，即解决"信息孤岛"问题，通过信息网络与物理设备之间连接，在企业内部实现所有环节信息的无缝链接。纵向集成是实现智能化的基础，是企业内部跨部门的物流运营服务全过程信息的集成，包括物流供需、服务营销、组织运作、供应链管理、客户关系管理、研发设计、资金管理、人力资源管理、物流跟踪等方面在内的信息集成。

横向集成主要针对企业之间的集成，通过价值链和信息网络实现企业之间的资源整合和无缝合作，为客户提供实时高效的物流服务。横向集成是在纵向集成基础上的延展，从企业内部信息集成转向企业间信息集成，从企业内部协同体系转向包括供应商、经销商、服务提供商、用户等在内的企业间协同网络，从企业内部的供应链管理转向企业间的供应链协调。横向集成能够形成智能的虚拟企业网络，有效推动企业间经营管理、生产控制、业务与财务全流程的无缝衔接和综合集成，实现不同企业间的信息共享和业务协同。

　　端到端集成主要针对贯穿整个价值链的工程化数字集成,是在物联网所有终端数字化的前提下围绕整个价值链上的管理和服务实现不同企业之间的整合。端到端集成能够实现物联网中人与人、人与物、人与系统、人与设备之间的集成,是实现大规模个性化定制服务的基础。通过连接物联网中所有可以连接的同构和异构终端,端到端集成有效整合价值链上不同企业的资源,实现对仓储、包装、装卸搬运、流通加工、配送、快递等物流服务全过程的管理和控制,以价值链创造集成不同企业的信息流、物流和资金流,在为客户提供高价值、个性化服务的同时,重构产业链各环节的价值体系。端到端集成是包含纵向与横向集成的提升,能够实现跨部门、跨企业、跨系统的端到端信息实时传递与多元化协同,重点关注流程的整合。比如,物流订单的全程跟踪协同流程,用户、企业、第三方物流、售后服务等整个价值链上服务的端到端集成。如图 2.6 所示。

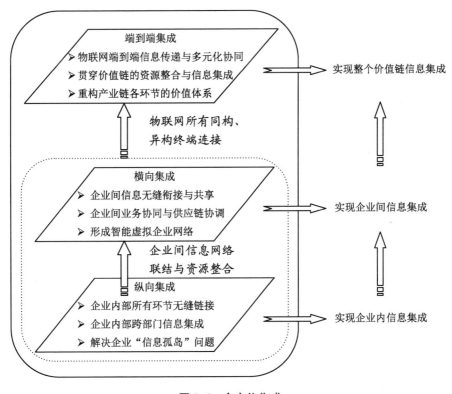

图 2.6　全方位集成

（4）大规模定制服务

大规模定制物流服务是指根据客户的不同物流需求进行市场细分，运用现代物流技术和信息技术以及先进的物流管理方法，通过物流功能的重新整合，以大规模物流的成本和效率优势为每个客户提供定制物流服务。

一方面，传统大型物流企业能够充分利用规模经济效应，提高物流运作效率，降低物流成本，但其劣势在于单从企业内部角度考虑物流服务的提供，未能意识到或有意忽视客户需求的多样性和差异性，以及企业物流服务目标的多重性，不能满足客户的特定需求；另一方面，定制物流能够充分考虑客户需求的差异性，视每个客户为一个单独的细分市场，并设计专门的物流服务模式来满足客户的特定要求，但其劣势在于市场的细分和服务的定制使得企业物流方案的设计和实施任务庞大，面临有效管理和满足客户需求、维护客户关系等诸多问题，难以产生规模经济效应和降低物流总成本。

当前厂商和第三方物流企业不仅要满足客户不同的物流需求，而且面临降低物流总成本、提高物流和供应链效率的挑战。国家物流系统的构建能够从降低成本和追求服务两个方面综合考虑，提供一种有效地将规模经济效应运用到定制物流服务的新的物流模式，将大规模物流与定制物流集成，并在二者中寻求某种平衡，从而产生大规模定制物流。大规模定制物流以客户需求为导向，旨在充分识别客户的物流需求，并根据需求特征进行市场细分，寻求差异化的物流战略，从而通过对物流功能的重组和物流操作的重构，提供客户定制化物流服务，是一种需求拉动型物流服务模式。

国家物流系统以现代信息技术和物流技术为支持，在物流需求细分的基础上，提升满足客户群物流需求的服务水平设计，并进行物流服务能力的重构。以物流功能模块化、标准化为基础，将运输、仓储、包装、装卸搬运、配送、流通加工、信息处理等物流服务功能视作物流服务模块并进行标准化。通过自营或外购的方式，以每个组织的核心竞争力为依据确定自营功能模块，外购非核心能力的功能模块。在实现标准化的过程中，可以运用标杆法（Benchmarking），以该功能领域的领跑者或强劲竞争对手为标杆，实现物流设施设备、物流操作等的标准化。最后，根据具体的客户需求进行物流功能模块的有机组合，以物流服务总效益最大化为目标，实现各功能模块的协调。

如图 2.7 所示。

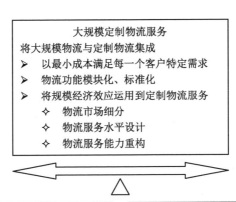

图 2.7 大规模定制服务

五、国家物流系统建设路径

(一)"三步走"战略

第一步,从目前至 2030 年,国家进行战略规划和战略部署,形成比较完善的物流基础设施(交通运输、仓储、快递、配送和信息等)网络,做好地区物流体系建设示范。

第二步,从 2030 年至 2035 年,形成完善的物流基础设施网络,实现各类物流资源的全面连接,实现物流网络与实体世界的全面对接,物流信息网络与物流运营网络有机结合,物流系统运行规则和各类机制完善。

第三步,从 2035 年至 2050 年,构建起"强大、智能、绿色"的现代化国家物流系统。

强大,体现为国家物流系统具有强大的物流基础设施支撑和强大的物流服务能力,具有很强的竞争力、创新力,引领全球物流标准与物流发展方向。在全球供应链网络中具有重要的地位,拥有若干家具有全球递送能力的物流企业集团以及大量紧密协作的中小物流企业群体。

智能,体现为国家物流系统构建和运行基于科技、知识、信息和创新,数字化、网络化、信息化和高技术化程度高,能够对市场做出灵敏的反应,具有柔性、弹性和全程可视的特征。

绿色,体现为国家物流系统运行效率高,物流单位增加值能耗、水耗、资源综合利用率和废气减排达到世界先进水平;物流服务符合消费者体验,具备人文关怀能力;物流运行安全有保障,物流体系运行稳定,抗风险能力强。

强大、智能、绿色的国家物流系统构建,将彻底改变中国物流落后于发达国家的格局,极大提高物流总效率,极大节约全社会物流总费用,强有力支撑国民经济高效运行,大幅提升公众生活质量。它既是中国规模宏大工业化、城市化、信息化和全球化的物流基础,又是实现工业强国、贸易强国和物流强国的有力保障。

（二）具体路径

国家物流系统的构建和运营离不开高效匹配的运行机制。根据国家物流系统的特征和基本功能,国家物流系统需要以下八个方面的合力才能实现。

（1）物流资源整合与优化配置

整合机制是指为适应不断变化的市场环境的需要,在科学合理的制度安排下,以培养核心竞争力为主要目标,实现物流企业的并购重组或建立战略联盟,借助现代科技力量将企业有限的资源与社会分散的资源无缝化连接的一种动态管理运作体系。整合机制是国家物流系统各主体实现融合发展的重要途径,是实现全社会物流资源优化配置和共享,获得规模经济效益的重要保障。国家物流系统通过整合物流资源,调整物流产业结构和发展方向,能够消除物流业中"小、少、弱、散"等制约因素,不断提升物流产业和物流企业核心竞争力。

（2）宏观微观调控并举

调控是指主体依据外部环境的变化及时调整自身发展策略的过程。国家物流系统的调控机制包括宏观调控机制和微观调控机制。宏观调控机制是政府通过运用各种政策、法规以及行政管理等手段，对物流市场主体进行间接引导和管理的机制，引导物流产业结构调整和物流供需主体发展。微观调控机制是物流企业依据外部经济、环境等变化，不断调节主体与外界的关系，调整和完善自身的目标、功能、结构和行为，主要依靠计划决策、组织执行、监控反馈等运行机构来实施，是物流系统的自适应过程。

（3）多主体间广泛耦合

耦合是指系统内子系统间、主体间、主体内部、系统内部的协调配合。国家物流系统涉及运输、仓储、装卸搬运、包装、流通加工、配送、信息服务等与物流相关的所有领域，包含运输企业、仓储企业、货运代理企业、第三方物流企业、物流需求方、政府部门、行业组织、中介机构等多个主体。在国家物流系统所涉及各个领域和运行全过程建立起主体间广泛的耦合机制，才能有效降低物流运作响应时间和运作成本，提高物流运作水平，保证各主体功能和系统总体功能的充分发挥，提升全社会物流运作的总效益。

（4）建立充分竞争的物流市场环境

经济学中的"竞争"是指经济系统中主体在市场上为实现自身的经济利益和既定目标而不断进行的角逐过程。国家物流系统中的主体只有在竞争的物流市场环境中才能更好地存在和发展。然而，地方保护主义和较低的物流市场开放水平，不仅阻碍了外来物流企业的进驻，同时也阻碍了本地物流企业的发展壮大。只有建立充分竞争的市场机制，逐步消除地方保护主义行为和制度，才能真正从"全国一盘棋"的角度促进国家物流系统的健康发展。

（5）创新驱动的发展模式

创新是一种来自内部的、自身创造的变革，被视为一切事物发展的推动力。从系统科学角度，当国家物流系统中的涨落被放大并推动国家物流系统进入不稳定状态时，会促使系统内部各主体的行为发生变化，引起系统内部创新的产生。国家物流系统应健全和利用好创新机制，鼓励创新活动，包括推广新的物流产品，采用新型智能化、信息化物流技术和物流设备，开辟新的物流市场,构建新型物流组织,实现新的物流管理模式等,从而实现国家物流系统的长效创新发展。

(6) 促进合理布局的选择机制

选择是指主体间协调合作时相互选择对方的过程。当国家物流系统从稳定态进入不稳定态时,呈现出多样性特征,为选择机制的运行提供了可能性。首先,国家物流主管部门要引入选择机制,根据实际制定选择标准,对投资物流行业的主体、投资方向、投资地点进行筛选比较,促进全国物流的合理化布局;其次,任何物流企业都有规模限制,其物流网络不可能覆盖全国所有地区,因此物流企业之间需要合理选择与长效合作;最后,物流供需求主体之间也需要选择机制,使供需之间达到平衡和最佳匹配。

(7) 绿色低碳化发展

实现全社会物流的绿色低碳化发展是国家物流系统对生态文明建设的重要贡献。绿色物流的行为主体不仅包括专业的物流企业,也包括产品供应链上的制造企业和分销企业,同时还包括不同级别的政府和物流行政主管部门等。绿色机制要求增强节能环保意识和绿色循环低碳的物流管理理念,加快物流企业的绿色转型,通过采取各种优惠政策引导和支持企业加强绿色运营的技术创新,积极实施绿色供应链管理,以实现资源能源利用效率最大化为目标,统筹建设现代化物流中心,调整物流经营结构,提高物流服务绿色化水平。

(8) 主体间的相互学习能力

学习性是复杂适应系统中的主体的显著特征,主体通过学习行为获得适应能力。作为一类复杂适应系统,国家物流系统中的各主体是具有学习性的智能型主体。国家物流系统中的各主体要在物流市场环境中不断学习新方法、新技术、新模式等,从而增强自身业务竞争能力和对外界的适应能力。国家物流系统的主体学习行为具有几个特性:①交互性,指国家物流系统主体间学习的双向性、互动性;②动态性,指国家物流系统主体学习是在动态环境中进行;③并发性,指国家物流系统主体的学习是系统内不同主体并发学习、共同进化的过程。

第3章
打造连接世界的全球物流体系

一、世界进入全球连接的时代

世界是一体的。全球化是当今世界最重要的时代特征之一。全球化深化了国际分工,促进了全球经济增长和贸易扩张,推动了全球范围的人员、商品、资源、资金、信息、数据、知识和技术的流动。全球化要求各国间加强交通运输、物流、信息通信、互联网、金融、文化、制度等方面的连接。全球连接、全球流动进一步推动着全球化与全球经济的增长。

过去的数十年,美欧日等发达国家着眼于全球市场和在全球范围内配置资源,主导着全球连接,推动着要素、商品、服务的全球性流动。美国着眼于全球战略,将建设一个能够保障美国经济增长与安全的全球交通运输、物流与供应链服务体系,通过掌控覆盖全球的交通运输网络、物流网络、信息网络和供应链网络,控制全球主要物流通道,实现其"买全球、卖全球、连全球、递全球、控全球"的全球战略目标。欧盟的战略是通过建设一体化交通及物流网络确保欧盟的产业和产品有效进入欧洲统一市场及国际市场①。日本确立了流通立国的战略,通过实现与东亚之间的无缝衔接,建立将东亚与世界各

---

① 欧盟委员会:《欧洲 2020——智能、可持续及包容性增长战略》,2010 年。

地联系起来的综合国际交通运输系统和物流系统①。

最近这些年，随着新兴经济体的兴起，中国、印度、俄罗斯、巴西等国不断增强全球连接能力，特别是中国作为最大发展中国家，大力推动普惠包容、开放共享、东西方互动的全球化，推动全球共同、可持续发展，在全球流动网络中的地位变得日益重要，有望成为又一个全球贸易中心与流通枢纽。

此外，互联网、移动通信等信息网络技术的广泛应用，使得中小企业能够与传统跨国企业一道，参与全球连接的大潮。

二、中国连接世界的物流能力亟待加强

2010年，中国成为世界第一制造大国。2013年，中国成为世界第一货物贸易大国，中国国内物流市场规模超过美国跃居世界第一。目前，中国铁路、公路、水路等货运量、货运周转量排名世界第一，快递量居世界第一，内河里程、高速公路里程、高速铁路里程位居世界第一，航空货运量和快递量位居世界第二。但中国不是物流强国，世界银行发布的物流绩效指标表明，从物流能力、通关效率、货物跟踪、及时性等维度衡量，中国领先于发展中国家，但落后发达国家不少。中国国际海运在全球海运市场中控制力弱，对主要国际海运通道影响力小。从中国国际航空货运网络、国际快递网络、跨境仓储配送体系的建设看，还处于起步阶段。中国缺乏国际物流服务标准制定的话语权。中国的产品出口已经覆盖230多个国家和地区，但中国尚无一家物流企业具有全球递达能力，而UPS、FedEx、DHL等国际快递巨头具有全球递达能力。

---

① 日本2008年出台的《国家空间战略》。

三、中国连接世界的全球物流体系构想

（一）思路

打造连接世界的全球物流体系，应牢牢把握全球化和国际格局变化的新特点，紧紧围绕着新时期中国的全球化战略和全球生产、流通、贸易需要，本着"利他共生，共创共享，互利共赢"原则，加强与各国战略对接，以"一带一路"建设为契机，逐步构建起一个"以中国为核心，连接世界各大洲，通达主要目标市场"的全球物流体系，提升全球连接、全球服务、全球解决方案的能力，支撑中国实现"全球买、全球卖、全球造、全球通、全球运、全球递"。

（二）战略目标

建立起中国连接周边国家和地区、涵盖"一带一路"沿线国家以及主要国家目标市场的物流服务网络，形成高标准的全球物流服务能力，强有力地支撑中国的全球生产、全球流通和全球贸易。到 21 世纪中叶左右，中国成为全球连接能力和物流服务能力最强的国家之一。

（三）战略任务

中国连接世界的全球物流体系由"四梁""八柱"构成。"四梁"，即全球物流信息体系、全球物流标准体系、全球物流政策体系和全球物流运营体系；"八柱"，即中国的国际铁路运输网络、国际公路运输网络、国际航空货运网络、国际海运网络、国际管道网络、国际邮政和快递网络、国际仓储网络及国际配送网络。如图 3.1 所示。

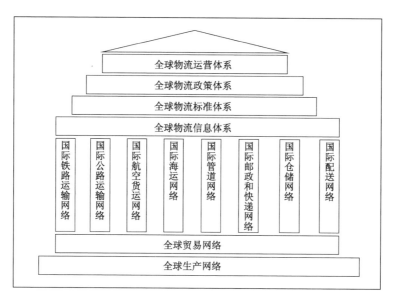

图 3.1　中国的全球物流体系架构

1. 构建国际铁路货运网络

以中国为起点，东北方向联通俄罗斯、蒙古、日韩，西北方向联通欧洲、中西亚、非洲，西南方向联通中南半岛、印度、巴基斯坦。加强与太平洋、大西洋、印度洋主要国家的国际铁路运输合作。打通中国陆路商贸通道、能源通道、交流通道，推动中国铁路技术标准、技术装备、工程建设、运营管理及相关产业走向世界，构建起布局合理、标准适用、安全高效的国际铁路货运网络。

2. 完善国际海运网络

完善中国的海运航线与全球港口布局，增强中国与贸易伙伴国（地区）之间的海运能力，推进中国与各国海运基础设施的互联互通。提高中国与发达经济体之间的海运航线密度，加强中国与亚、非、拉等新兴经济体之间的海运班轮航线，开拓北极、南极海域航线。加强全球港口码头资源整合，完善中国海外港口码头布局。完善国内沿海煤炭、石油、矿石、粮食、集装箱等主要货类海运系统。积极参与国际海运基础设施投资、建设和运营，扩大国际海运合作网络。加强中国的国际航运中心建设。推动海运开放发展，积极参与全球海运治理,加强国际海运通道安全保障能力。

3. 完善国际公路货运网络

完善中国与周边国家的公路通道体系,积极参与亚洲公路运输系统和全球公路运输系统建设。提高中国与"一带一路"沿线国家重要公路网的连通性,形成"一带一路"国际公路运输通道。广泛参与境外公路基础设施设计、咨询、建设和运营等"全链条"环节。

4. 完善国际航空货运网络

加快完善国际航空运输网络,扩大航空运输网络辐射范围。推动中国与周边国家航空货运一体化。提高中国与发达经济体之间的航空线路密度,增加中国与亚、非、拉等新兴经济体之间的国际航空线路。增强中国的国际航空货运枢纽机场功能,实现国际航空货运跨洲多枢纽网络运作。加强境外航空货运机场和航空物流中心战略布点,支持国内企业收购或参与管理境外机场。支持航空货运、航空物流、航空快递企业深化与国际专业服务机构合作,拓展国际航空货运服务市场。

5. 完善国际管道网络

在促进国内管网互联互通基础上,进一步加强中国与主要油气供应国、途经国、中转国、消费国的国际管道连接。重点推进中国与中亚、中东、俄罗斯、东南亚、南亚、西亚、东北亚的国际油气管道的互联互通,推动构建"泛亚油气管输体系"。完善中国的海上油气进口通道建设。推动中国与周边国家共同能源市场、油气交易与定价中心建设。完善国际油气储备库的建设。着力将中国打造成为亚洲油气管网重心和贸易中心。

6. 构建全球快递、仓储、配送网络

加快国际快递网络布局,加密中国与国际重要城市的快递网络,开辟中国与世界多数国家的快递专线。鼓励快递企业通过设立分支机构、合资合作、委托代理等方式,拓展国际服务网络。支持建设一批国际快件转运中心,

完善国际邮件处理中心布局。部署海外仓储网络体系和配送网络体系。

7. 构建国际多式联运系统和综合物流枢纽

提高货物运输集装箱化率。广泛开展国际铁海联运、铁公联运、铁空联运、公水联运、江海联运。着力构建设施高效衔接、枢纽快速转运、信息互联共享、装备标准专业、服务一体对接的国际多式联运组织体系。完善多式联运经营人管理制度，建立涵盖运输、包装、中转、装卸、信息等各环节的多式联运全程服务标准。支持基于标准化运载单元的多式联运专用站场设施建设和快速转运设施设备的技术改造，提高标准化、专业化水平。建设集报关报检、国际运输、多式联运、仓储加工、信息处理、跨境电商等功能于一身、具有跨区域集聚辐射作用的国际综合物流枢纽。

8. 构建全球物流运营和供应链服务体系

依托中国的全球物流能力，推动国际运输、物流企业与货主企业、生产企业、流通企业、贸易企业、金融企业、互联网企业以及其他相关企业加强合作，通过现代信息技术、数字技术、智能技术，加强信息对接、协同发展、共享商业机会，形成全球供应链服务的能力，构建共享共赢的全球物流与供应链生态体系。

9. 构建全球物流信息综合服务平台

加快提升中国物流企业信息化、数字化、智能化水平，按照"统一标准，对等开放，互联互通，共享服务"的理念，构建全球物流信息综合服务平台，收集处理国内外各物流活动主体、各环节及物流资源的信息，打造全球"物流大脑"，为物流企业提供国际物流运行的实时在线信息，优化国际物流资源配置和运行控制。

四、打造全球物流体系的保障措施

构建全球物流体系，工程宏大、任务艰巨、周期很长，会面临一系列挑战与困难。一个相对友好、多方共赢的国际环境对保障全球物流体系的建设至关重要。

1. 全方位推进国际物流合作

中国需要统筹战略与战术、近期与远期、理想与现实，秉承"开放、包容、共赢"的理念，以"多层次的国际物流合作对象、多元化的国际物流合作方式、多渠道的国际物流合作形式、多领域的国际物流合作内容、多任务的国际物流合作进程"来务实推进全球物流体系的建设。

2. 加强与各国战略对接及政策沟通

将全球物流体系建设纳入"一带一路"倡议和落实全球发展倡议的重要内容。就国际物流发展战略、政策、规划与各国充分交流，联合制定合作规划和实施方案，协商解决合作中的问题，为共同推进务实合作提供政策支持。

3. 积极参与全球运输、物流、通关治理

深度参与国际铁路、航空、海运、公路、邮政、快递等相关规则、标准的制定和修订，提高中国在全球运输、邮政、快递中的话语权，保障国际物流通道与供应链安全。参与全球能源治理，推进国际油气管道互联互通。加强与周边国家的双边与多边运输合作机制建设，推动与国际通用运输法律法规和技术标准的对接，消除跨境运输制度性障碍。加强各国海关合作，在边检口岸建立"单一窗口"以及促进电子海关和授权经济运营商认证体系的发展，降低清关成本，缩短中转时间，推进通关便利化。与各国共同建立统一的全球物流政策协调机制，促进国际通关、换装、多式联运有机衔接，推动形成兼容规范的全球物流政策体系。

4. 加强资金保障，创新融资方式

进一步完善国家投资、地方筹资、社会融资、国际资本相结合的多渠道、多层次、多元化投融资模式。积极探索 PPP 模式，广泛吸收社会资本、各国公共资本、国际机构资本等参与到全球物流体系建设中来。对重大建设项目给

予财税支持、实行零税率或免税。按照风险可控、商业可持续原则，积极创新金融产品和服务。加大对领军物流企业、创新型物流企业的金融支持。

5. 支持物流企业整合国际资源

支持物流企业开拓和利用国际市场、国际资源，提升其适应国际市场的能力，不断拓展国际发展空间。支持优势物流企业联合或参股、收购、兼并周边、新兴市场、欧美等国物流企业，延伸服务网络，逐步建立覆盖全球的物流网络。政府主管部门简化项目审批程序，完善信贷、外汇、财税、人员出入境等政策；对符合条件的物流企业，在境外投资的资本金注入、外汇使用等方面给予支持；有关部门和驻外使领馆可为物流企业"走出去"提供信息和法律服务。

第4章
推进物流现代化

物流现代化,是人类现代文明进程的重要内容,是从传统物流向现代物流的转变过程,是物流业持续升级的过程,具有基础性、战略性、先导性、系统性、全局性、经济性、综合性、多维性、多层次性、渐进性、动态性等一系列特点。物流现代化对中国现代化发展意义重大,它意味着一国拥有完善的社会化、专业化、现代化物流服务体系,高效智能强大的组织化、网络化、一体化、精细化物流运作能力,物流功能有机结合,物流全过程系统最优,全社会物流效益最大化。

物流现代化涵盖物流理念和模式现代化、物流基础设施现代化、物流组织运营现代化、物流市场现代化、物流要素与技术装备现代化、物流管理体制机制现代化和物流可持续发展七个维度的具体特征和内容(如图 4.1 所示)。

一、推进物流理念和模式现代化

1. 开放、包容地吸纳先进理念和模式

推动物流现代化步伐,一定要有创新的思维、时代的眼光、全球的视角,以最大限度地满足国内外客户服务为价值取向,以现代物流和供应链理念,

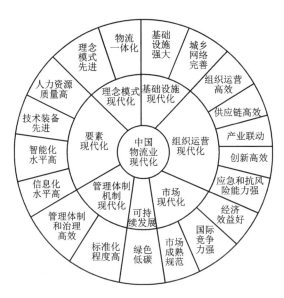

图 4.1　中国物流业现代化的基本框架

系统化完善、整合和优化物流体系，创新发展模式，实现物流资源的优化配置和高效运作。

2. 加强物流一体化

加强物流自身一体化、微观物流一体化和宏观物流一体化。加强物流自身一体化，要求物流系统的观念逐渐确立，运输、仓储和其他物流要素趋向完备，子系统协调运作，系统化发展；加强微观物流一体化，强调市场主体企业将物流提高到企业战略的地位，形成以物流战略为纽带的企业联盟；加强宏观物流一体化，体现物流业占到国民生产总值一定比例，处于社会经济生活的支柱地位，企业从内部职能专业化和国际分工程度的提高中获得规模经济效益。

二、推进物流基础设施现代化

1. 建设强大的物流基础设施

物流基础设施是指在供应链的整体服务功能上和供应链的某些环节上，

满足物流组织与管理需要的、具有综合或单一功能的场所或组织的统称。中国物流现代化要以强大的物流基础设施为支撑,具有便捷、高效的物流基础设施网络和完善的物流通道和枢纽,现代物流运作方式顺畅有效衔接,物流网络体系布局合理,物流集聚发展效益高。

2. 完善城乡物流网络

中国物流现代化要求具有完善的城乡配送网络体系和县、乡、村消费品及农资配送网络体系,物流园区、配送中心、末端配送网点布局合理,城市配送公共服务平台和农村邮政终端设施建设完善,在农村、社区、学校建有物流快递公共取送点,实现城市社区和农村地区商品的双向流通。

三、推进物流管理体制机制现代化

1. 管理体制和治理高效

中国物流现代化要求加快物流管理体制的改革,建立系统化的国家物流管理服务体系,包括物流业管理体制、物流业运行监管体系、物流业服务体系三大部分;要求规划建设国家统一的物流法律、法规和政策体系,提高政府物流管理体制的运行,实现对物流业发展的高效治理。

2. 提高标准化程度

物流标准化是指以物流为一个大系统,制定系统内部设施、机械装备、专用工具等各个分系统的技术标准;制定系统内各分领域如包装、装卸、运输等方面的工作标准;以系统为出发点,研究各分系统与分领域中技术标准与工作标准的配合性,按配合性要求,统一整个物流系统的标准;研究物流系统与相关其他系统的配合性,进一步谋求物流大系统的标准统一。中国物流现代化意味着物流大系统实现了高度的标准化,包括:①基础编码标准化。②物流基础模数尺寸标准化。③物流建筑基础模数尺寸化。④集装模数尺寸化。

⑤物流专业名词标准化。⑥物流单据、票证的标准化。⑦标志、图示和识别标准化。⑧专业计量单位标准化。

四、推进物流组织运营现代化

1. 提高组织运营效率

健康优质的组织运营模式是物流企业核心竞争力的体现。现代化的物流企业运营模式必须实现服务的专业化。现代物流的本质是创造时空价值的专业化、社会化服务。围绕物流本质特性所进行的服务技术开发，将为物流企业创新服务并形成核心服务能力提供强大的动力。同时，现代化的物流企业应延伸物流服务，主动适应供应链管理的发展，对供应链中的物流、业务流、价值流、资金流和信息流进行有效的计划、组织、协调及控制。物流信息服务和物流金融服务等新型运营模式已经成为服务竞争力的集中体现。借助网络平台和金融平台来整合现有物流服务资源，提升物流企业的服务水平已成为物流企业发展的必然趋势。

2. 打造高效供应链

创新高效的供应链管理模式是现代物流业可持续发展的重要基础。作为一种先进的集成化管理模式，供应链管理以市场需求为导向，以实现企业共赢为原则、以提高市场竞争力和占有率、获取最大利润为目标，通过运用现代企业管理技术、信息技术和集成技术，达到对整个供应链上的物流、信息流、资金流、业务流和价值流的有效协调和控制，将供应商、制造商、销售商、服务商等合作伙伴形成具有强大整体竞争力的战略联盟。高效的供应链管理能够协调并整合供应链中的所有环节，形成无缝衔接的一体化过程，深入供应链的各个增值环节，将客户所需的产品在正确的时间，按正确的数量、质量和状态送到正确的地点，并且最大限度降低成本，提升整体运作效率，最终获得竞争优势。

3. 加强产业联动

物流业与其他产业在总体上是相互影响、相辅相成的统一体。物流为其他产业的发展提供良好的产品移动平台；其他产业的发展增进了物流的需求和供给，进一步促进了物流的发展。物流与其他产业通过联动和协同，既能提高产业集聚区域的物流效率，又能提升区域产业经济的整体竞争力，从而带动物流与区域产业经济的全面发展。一方面，通过区域产业调整，逐渐实现区域主导产业的培育与发展，促使区域产业集聚，推动产业链的形成与扩展，促进区域整体经济实力的提升；另一方面，通过物流政策的规划和实施，逐渐实现物流资源的合理配置、物流供给与需求的有效增加和物流集群的高效整合，从而促进物流的长效发展。

4. 提升创新能力

中国物流现代化应具有强大的物流创新能力。物流创新是指在物流活动中，引入新的经营管理理念，实施新的经营管理方法，运用新的科学技术手段，对物流管理和物流运营过程进行改造和革新，全面提高物流活动的效率，取得最大化的企业经济效益和社会效益的创新活动实践。物流创新是对整个物流过程进行全方位的革新，创新活动融入物流活动的各个方面、各个环节。根据物流创新的内容和作用，可归结为物流制度创新、物流管理创新、物流技术创新等。其中，物流技术创新是核心，制度创新是前提，管理创新是保障。物流创新有利于物流企业适应经济全球化，拓宽经营，有效培育核心竞争力，提高在全球范围内整合物流资源的能力，为工商企业的全球化战略服务。

5. 加强应急和抗风险能力，安全有保障

物流应急能力是指以追求时间效益最大化和突发事件造成损失最小化为目标的单向或双向的特种物流活动的能力。应急物流的高效协调运作能够将应急流体按所需流量以最大概率快速、及时、准确地运往目的地，从而降低突发事件造成的危害，避免灾害演化为灾难。应急物流的突发性、不确定

性、多主体参与性和时间紧迫性等特点使应急物流的风险凸显。物流现代化应具有统一协调、反应迅捷、运行有序、高效可靠的应急物流体系,具备健全的应急保障机制、灵敏的预警反应机制、规范的应急转换机制、稳妥的安全保密机制、良好的协调性和应急物资管理能力、完善的应急物流信息系统和数据库、健全的应急物流职能部门,实现应急物流效率和应急保障能力的提升。

五、推进物流市场现代化

1. 提升国际竞争力

在市场竞争日益激烈的背景下,具备强大的国际竞争力是物流业实现现代化的必然要求,包括物流业的市场适应能力、市场盈利能力、可持续发展能力,以及由这些能力所构成的综合能力。影响物流业国际竞争力的主要因素有科技进步与技术创新、资源禀赋和市场规模、企业活力和竞争状况、相关及辅助产业的发育程度、制度环境和政策因素等。物流业是一个服务性、综合性和复杂性的复合型产业,其国际竞争力将同时受到比较优势、竞争优势和企业核心能力的共同影响和支配。比较优势是物流业国际竞争力形成的前提和基础,竞争优势则是物流业国际竞争力形成的关键,而物流企业核心能力的形成则是物流业国际竞争力来源的核心所在。

2. 提高经济效益

中国物流现代化应实现良好的经济效益,进一步改善市场投资环境以更好吸引投资,增加就业机会以扩大就业,提升企业竞争力和地方财政收入,推动城市化建设;促进流通业发展和流量经济发展,推动连锁商业与电子商务发展;促进地方经济和 GDP 的增长,提高第三产业比重,促进国民经济协调发展。

3. 规范市场秩序

构建物流信用规制体系,重塑物流市场信用新秩序,形成成熟规范的物流市场,是物流业现代化发展的迫切要求。现代市场经济从产品竞争、价格竞争、品牌竞争,进入文化竞争,诚信始终是贯穿于竞争中的核心问题。信用的缺失将成为物流业发展现代化的瓶颈。物流市场成熟规范涵盖"五位一体"的物流信用规制体系总体框架,旨在形成一种相辅相成、相互"制衡"的体系结构。其中,"五位"分别是合同规制、物流企业内部控制、政府管制、行业协会自律和社会公众监督。物流供应商与客户建立的紧密合作与联盟关系是以成熟的市场环境和长期的诚信经营为基础的。

六、推进物流要素与技术装备现代化

1. 提高人力资源质量

中国物流现代化,其核心功能集中体现在以市场开发能力为标志的物流能力上,人力资源则成为其制胜的关键。快速发展的物流业、不断开放的物流市场和不断扩大的物流市场需求使得中国物流人力资源面临着规模性的需求,对物流人力资源的质量也提出了更高的要求。物流现代化应具备合理的物流人力资源结构,包括丰富的高级物流企业管理人才、物流规划咨询人才、外向型国际物流人才、物流技术科研型人才、物流决策性人才等。物流业的相关从业人员不仅要熟悉具体的业务流程,还要具有管理、经济、法律、信息系统等的综合知识,具备战略判断和把握能力,掌握电子商务运营模式与网络技术。

2. 装备技术先进

物流装备和技术水平的高低是物流业现代化程度的重要标志。物流装备是物流活动各环节中所使用的物流机械、电子设备和器具的总称,按功能可分为运输设备、装卸搬运设备、集装单元设备、仓储设备、包装设备、流通加工设备以及信息技术设备等多个类别;物流技术是构成物流系统的重要组成因素,是加快物流现代化的重要环节。通过广泛采用现代化物流设备、计算机管理、物流系统化和集成化，现代物流中的生产、供应、运输、配送、信息等各个环节能够得到有机结合，各种物料或货物可以实现最合理、最经济、最有效的流动，极大地提高物流企业的运营效率。

3. 提高信息化水平

物流信息化是指物流企业运用现代信息网络技术对物流过程中产生的全部或部分信息进行采集、分类、识别、汇总、查询、传递、跟踪等一系列处理活动，以实现对货物流动有效控制、降低成本和提高效益。物流业现代化对信息化建设提出了新的要求和内容，主要包括：①基础环境建设。制定物流信息化规划和相应的法律、法规、制度、标准、规范，开展物流关键技术的研发和应用模式的探索，以及通信、网络等基础设施建设。②物流信息平台建设。建设基于计算机通信网络技术，提供物流信息、技术、设备等资源共享服务的信息平台。

4. 提高智能化水平

智能物流是利用集成智能化技术，使物流系统能模仿人的智能，具有思维、感知、学习、推理判断和自行解决物流中某些问题的能力，包括信息的智能获取技术、智能传递技术、智能处理技术和智能运用技术。智能化是物流自动化、信息化的一种高层次应用，是物流现代化发展的必然趋势和要求。物流作业过程中大量的运筹和决策，都可以借助专家系统、人工智能和机器人等相关技术加以解决，大大提高物流的机械化、自动化水平。智能新技术在物流领域的创新应用模式将成为未来智能物流大发展的基础，不仅能够推动电子商务平台的发展，还能极大地推动行业发展。

七、推进物流可持续发展

随着气候问题日益严重，全球化的"绿色革命"正在兴起。物流作为能源消耗量较大的行业，其可持续性问题在全球范围内受到广泛重视。绿色低碳将是未来物流业发展的重要方向和趋势,也是物流企业新的发展机遇和责任。中国《国家标准物流术语》对"绿色物流"的定义是:在物流过程中抑制物流对环境造成危害的同时,实现对物流环境的净化,使物流资源得到最充分利用。实现全社会物流的绿色低碳化发展是物流业现代化对生态文明建设的重要贡献。绿色物流的行为主体不仅包括专业的物流企业,也包括产品供应链上的制造企业和分销企业,同时还包括不同级别的政府和物流行政主管部门等。从绿色物流的活动范围看,它包括物流作业环节和物流管理全过程的绿色化。物流作业环节包括绿色运输、绿色包装、绿色流通加工等;物流管理过程则主要从环境保护和节约资源能源的目标出发,改进物流体系,既要考虑正向物流环节的绿色化,又要考虑供应链上的逆向物流体系。按照绿色物流的发展目标和要求,企业必须从促进可持续发展的基本原则出发,在创造效益和满足消费者需求的同时,保持自然生态平衡和保护自然资源。

国内篇

第5章
物流成本为什么高

"全社会物流费用占 GDP 比值高于发达国家近一倍""物流成本占产品成本比重达 30%—40%",社会物流成本高企问题已为各界关注,但究其成因,人们并不太清楚,这将影响到有关部门的决策和政策制定。对该问题做出科学回答,需从体系、产业、企业与要素、体制,与政策、自然地理等层面综合考虑,系统分析,如图 5.1 所示。

一、体系层面原因

主要是综合交通运输体系、物流服务体系、流通体系、供应链管理体系、物流信息服务体系、物流标准体系、国际物流体系、应急物流体系等不完善。

一是综合交通运输体系尚未完全形成。高效便捷、能力充分、衔接顺畅、结构优化、布局合理的综合交通运输体系有待时日,不同运输方式之间协调不足、衔接不畅。运输结构不合理,铁路在综合交通运输中的优势未得到充分发挥。海铁联运比例不到 3%,国际上海铁联运比例通常在 20% 左右,美国则为 40%。

二是物流服务体系尚不健全。"干、支、末"与"物流枢纽、物流园区、物流中心、配送中心、终端网点"等构成的物流网络很不完善,干线之间,干线与支

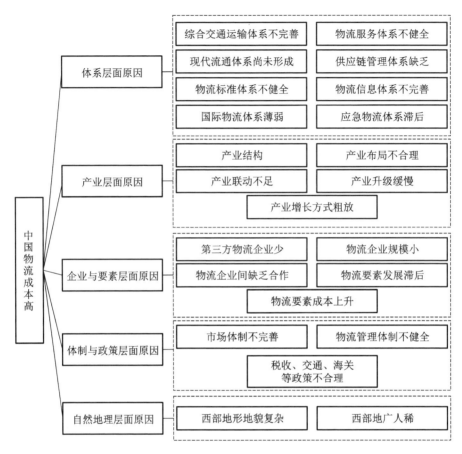

图 5.1 中国物流成本高的主要原因

线之间,干线、支线与配送之间,支线与末端之间均存在许多薄弱环节。物理基础设施网络、信息网络、运营网络尚在形成之中。公共物流基础设施、社会化物流基础设施、企业自营物流基础设施之间的比例不尽合理。受经济、生产力、基础设施、市场化程度、信息化水平、需求等因素的影响,物流业空间分布"东高西低"(如西部地区铁路发展滞后,路网规模小,物流节点少);城市物流相对发达,物流企业、物流设施、物流活动高度集中在交通、信息更为发达的大中城市,农村物流滞后。"最先一公里""中间换装一公里""末端配送与投递一公里"问题突出。大多数城市从农产品进城到中间运输环节的流转再到城市内部的配送、快递分段进行,运作流程多、效率低、成本高。物流资源整合不足,各类物流资源分散、分立、分割,物流资源缺乏和资源浪费并存。

三是"规模化、集约化、高效率"的现代流通体系尚未形成。批发、零售等传统流通方式仍占主流,流通环节多、流通渠道长、交易次数高,组织化程度低,流通方式落后,流通成本居高不下。如农产品流通主要采取"农民—经纪人—产地批发市场—销地批发市场—零售终端"这一传统模式,多环节交易延长了物流周期,增加了物流成本。医药流通从生产者到使用者,中间历经多级批发商、经销商、医药代表、医疗机构、零售商等,各环节层层加价。

四是供应链管理体系缺乏。目前从国家供应链、区域供应链、行业供应链、企业供应链看,国家间、区域间、行业间、企业间难以建立深层次互利共赢、资源共享的协作机制,难以开展上下游企业流程优化和功能整合,难以使产业链、供应链和价值链提质增效。

五是物流标准体系不健全。物流标准包括物流设施、设备、专用工具等技术标准,也包括包装、仓储、装卸、运输等作业标准,还包括采集、加工、处理、交换和应用等物流信息标准。物流设施和设备的标准化是物流业发展中一个关键问题,标准化关系到各种物流功能、要素的有效衔接和协调发展,很大程度上影响着全社会物流效率的提高。因物流标准面广量大、内容繁杂,统一标准难度很大,加之物流标准化工作相对滞后,使得物流标准化程度较低。物流标准化体系还存在条块分割、部门分割,基本设备缺乏统一规范、标准之间缺乏有效衔接等问题,进一步增加了搬运、分拣、包装等环节。如托盘标准不统一,托盘难以循环使用,物流操作需多次搬运。

六是物流信息服务体系不完善。物流信息化和网络化建设滞后,尚未形成强大、互联互通的信息服务体系,不同物流方式之间的信息碎片化、孤立化。许多部门和单位自建的信息数据库,实际上是一个个信息孤岛。同一运输方式之间不同企业之间、供需双方之间信息缺乏连接与共享。物流资源配置不能在更大范围内进行,信息不对称或信息缺失使得供需失衡。信息缺失和不对称使得货运空载问题突出。

七是国际物流体系薄弱。国际航空货运、国际快递、国际仓储、国际配送、国际运输中转枢纽等发展以及国际物流运营等比较滞后。中国物流企业在国际市场中份额低,进出口所需的高端物流服务大多需要依赖国外跨国物流企业。

八是应急物流服务体系严重滞后。应急能力薄弱，在应对各类重大突发性事件时，难以做到"第一时间"应急物资的保障。

二、产业层面原因

一是产业结构、工业结构与能源结构的阶段性特征客观上决定了单位GDP 的物流费用支出较大。中国处于工业化持续深入推进阶段。三次产业中，农业和工业的比重大，一二产业所占比重远高于发达国家。工业结构中，重工业占比大，能源结构以煤炭、石油、天然气等化石能源为主。产业结构、工业结构和能源结构使得单位 GDP 产生的物流实物量规模大，物流成本占GDP 的比重相对就高。从各次产业物流需求看，第二产业中的采掘业、制造业等提供的是实物形态的产品，从生产到消费离不开运输和仓储，对运输仓储的需求大，物流成本支出高。相反，第三产业以服务为主，对物流的依赖程度少，物流投入低，物流成本支出少，只占第三产业产值较小的比例。初步估算，单位工业产值消耗的物流量是"第三产业"的近两倍。从社会物流总额的绝对值构成来看，工业物流在全社会物流中占据绝对主导地位。随着第三产业在 GDP 中的比重越来越高，物流费用占 GDP 比值会逐步下降。例如，1981—2011 年美国第一、二产业增加值占 GDP 的比重下降了近一半（由42.5%降至 24.2%），同期物流成本占 GDP 的比重也下降了近一半（由16.2%降至 8.5%）。

二是产业布局不太合理。中国各地资源禀赋差异大，区域间经济发展不平衡，形成了内陆地区的传统农业和初加工经济与东南沿海、沿江地区现代工业并存的格局，原材料、能源等从中、西部输往东部，工业品又从东部运往中、西部。中国工业长期产区销区分离，货物需大范围、长距离调运，呈现"北粮南运""西棉东调""北煤南运""南菜北运""南水北调""西油南输""西电东送""西气东输"局面。货物大跨度、广范围、长距离的转运，加大了物流费用的支出。

三是产业升级缓慢。产业升级意味着物流中的化石能源、原材料、初级工业品及重化工产品比重降低,精深加工产品、高科技产品、现代服务业等比重有所提高,生产组织方式、流通方式、生活方式等相应变革,这在改变全社会物流实物量需求规模的同时,增加对物流服务多元化、个性化、时效性、精准性等要求。受体制机制、政策、观念、技术、人才等制约,中国产业升级进展不尽如人意,相应影响到物流需求结构的调整。

四是产业增长方式粗放,可持续问题突出。中国物流业处于初级发展阶段,增长方式粗放,无效运输、不合理运输、过度包装、资源浪费等问题严重;超载、超速造成的严重人身安全和货物损害事故不时发生,给企业和国家带来重大损失。公路、航空、铁路、水路等运输方式的资源、能源、土地等消耗和大规模排放问题突出,社会成本较大。

五是产业联动不足。物流业与制造业、农业、商贸联动不足,缺乏产业间、企业间、多层次的紧密合作。物流业已经成为制约制造业由大变强、解决"三农"问题、商贸服务和电子商务持续发展的重要影响因素。

三、企业与要素层面原因

一是第三方物流企业发展不足。许多生产流通企业"大而全""小而全",拥有自己的物流设施。第三方物流企业水平不高,专业化、精细化、系统化服务水平低,尤其缺乏一揽子服务能力。

二是物流企业规模小,小散弱,彼此缺乏合作。以公路货运企业为例,登记注册的企业,每家平均拥有车辆只有 2.5 辆。物流企业之间缺乏有效的合作与整合,难以优势互补及发挥规模经济、范围经济与网络经济效应。

三是企业的物流装备、技术、管理、组织、人员、信息等有待提升。多数物流企业实力弱,无力进行大规模、高水平的技术装备的更新和改造,物流作业自动化水平较低。在搬运、点货、包装、分拣、订单及数据处理等环节,手工操作方式仍占不小比重,差错率高、效率低。企业管理粗放,组织结构缺乏灵活性。从业人员素质不高,不遵守操作流程,野蛮分拣等,造成了大量的损失。企业对信息化重视程度不够,企业信息化水平不高,缺乏系统的 IT 信息解决方案,难以快速定制解决方案,不能保证订单履约的准确性,很难满足客户的个性化需求。

四是生产要素价格持续上涨,推动了物流成本升高。近些年,物流从业人员工资上升较快,对劳动密集型的物流企业影响较大。同时土地、房租在一些大中城市上涨很快,给企业带来很大压力。

四、体制与政策层面原因

一是物流市场体制尚不完善。统一开放、公平竞争、规范有序的物流市场体系尚未形成,市场分割、垄断行为、诚信缺失等问题突出。地区间行政分割,缺乏统筹规划,尚不能形成发展合力,物流、快递、配送车辆等要素难以自由流动。

二是物流管理体制尚不完善。物流活动跨部门、跨地区、跨行业特点要求实施"大物流"管理体制,目前中央层面,物流业管理涉及发展改革、商务、交通、铁路、民航、邮政、工信、公安、财政、海关、市场监管、税务、知识产权等部门,虽各司其职,但缺乏协调,难以形成发展合力,对资源整合与一体化运作形成体制性障碍。地方层面,物流管理体制更是差别很大。

三是税收、交通、海关等存在一些政策障碍,从而加大了企业经营成本。

税收方面,纳税环节多,运输、配送、仓储等领域重复征税,物流各环节相关税率不统一,这些加重了物流企业税收负担,不利于物流一体化运作和资源整合。

交通方面,收费公路存在着"收费里程长、收费站点密、违规收费、超期收费、过高收费、乱罚款"等突出问题。各地采取的"分期限行、限制货车进城、大幅提高停车费"城市交通管控措施,也增加了物流企业运输成本。

海关方面,现行物流通关和检验检疫的手续较为复杂、效率较低,通关时效性有待提高。

五、自然地理原因

自然地理环境影响物流活动的空间范围,也影响到物流活动的成本。中国西部地区是物流业的薄弱地区,是未来交通运输建设和物流发展的重点和难点,需要加大投入与加快发展。但是,西部地质地貌复杂多变,某些地区地广人稀(如新疆、内蒙古等),物流发展难度不小。复杂的地理环境将增加物流基础设施的资金、人力、物资的投入,对建设技术要求较高。加之西部地区物流量普遍小于东部,项目经济效益较低,进一步加大了西部地区物流成本。

第 6 章
推动货运物流化

　　物流融合交通运输、仓储、装卸搬运、流通加工、配送、货代、信息等,是基于现代服务理念,运用系统思维和综合方法,对物的流动全过程进行高效率、高效益的管控与运营,实现"在合适的时间用合适的方式将合适的产品送到合适地点合适客户手中",最大化创造出时间价值、空间价值、经济价值。作为全球货运大国,中国货运基础设施、规模位居世界前列,但也要看到,货运效率、质量、能力等有待提升,货运物流化有待深入推进。

一、推动货运物流化的意义

　　交通运输是从事空间变化的活动,不同运输方式创造特定空间活动价值,如铁路主要提供铁路场站之间的空间位移,航空主要提供航空港之间的空间位移,水运主要提供港口之间的空间位移,公路主要提供公路场站之间的空间位移。货运创造的空间价值,与满足现代经济社会需要的起点到终点、"门至门"、动静结合、干支与末端相结合、个性化、灵活化的物流需求有很大差距。

　　一是货物运输综合程度低,各种运输方式分散、独自发展,货运基础设施的配套性、兼容性较弱。综合货运体系尚未完全形成,综合货运枢纽建设滞后,不同运输方式难以进行合理分工和有效衔接,沿海和内陆集疏运体系不配套,各种运输方式主要从事港到港、站到站的标准化服务,缺少服务延伸,与现代物流以顾客为中心并为顾客创造最大价值有较大差距。多式联运发展滞后,货运资源综合利用效率不高。

二是基础设施结构性短缺。部分煤运通道铁路运力不足,公路分担了大量煤炭中长途运输,增加了运输成本,消耗了大量优质能源;部分沿江货运通道由于高等级航道占比低、网络化程度不高;航空货运基础设施发展总体不足。

三是货物运输信息孤岛现象普遍。货运信息化建设自成体系,不利于综合决策能力和服务水平提高。信息资源在部门间、区域间缺乏共享机制,不能有效为综合运输发展提供决策支持,也难以为货主提供完整、及时的信息服务。

四是公平竞争、规范有序的货运市场尚未完全形成。货运市场中的恶性竞争、过度竞争、不公平竞争、地方保护主义还时有发生。

五是创新能力不强。商业模式创新、组织创新、技术创新、管理创新等滞后,尚未进入以创新引领的发展阶段。

六是尚未有效融入供应链体系。货运与制造、农业、商贸等联动不足,缺乏协同效应。

七是航空货运、国际快递严重滞后。尚未形成与中国全球生产贸易格局相匹配的国际航空物流与国际快递体系。

八是可持续问题突出。公路、航空等运输方式的资源、能源、土地等消耗和大规模排放问题突出。无效运输、不合理运输等问题严重;超载、超速造成的严重人身安全和货物损害事故不时发生。

二、推动货运物流化的总体思路

货运物流化的思路是:紧紧围绕物流市场需求变化,落实国家战略布局,坚持系统思维、创新思维、开放思维,巩固传统货运优势,补齐发展短板,开拓多元物流领域,形成全方位、多层次、一体化、国际化的现代物流服务体系。

　　紧紧围绕物流市场需求变化,即货物运输要与国家、区域和企业、消费者的物流需求相吻合,货物运输结构与需求结构相匹配,货运发展与需求条件相适应,产业能力与需求质量相符合,使货运体系、结构、布局、品种、数量、品质、价格、服务等满足不同层次、不同维度的需求。针对不同的需求提供不同的产品、服务和解决方案,以持续提升的价值来适应、引导和创造需求。

　　落实国家物流战略布局。全面落实国家战略部署。在国内,要为着眼于构建强大智能绿色的国家物流系统做好支撑;国际上,要为打造全球物流体系提供强大的运输能力,与新型工业化战略、新型城镇化战略、"一带一路"倡议、国家区域协调发展战略、乡村振兴战略、各类产业强国战略进行对接协同。

　　巩固传统货运优势,从物流的视角来审视货运自身的发展和优势。现代物流的一个重要特性和优势是其网络性,各种交通运输方式拥有的最大的优势就是其覆盖全国甚至连接国际的干线支线网,这是其最独有的战略性资源。如何让骨干网络优势变成竞争优势、市场优势和可持续发展优势,这是中国货物运输需认真思考的战略性问题。

　　补齐发展短板,即货物运输向现代物流业转型,首先要在综合交通运输体系的框架内实现各种运输方式之间的互联互通。如铁路、公路、水运、航空彼此间的连接。

　　开拓多元物流领域,即货物运输进一步向外连接更大范围的相关物流网络支撑,如与仓储网、邮政网、快递网、配送网、末端网、信息网、货代网、电子商务等的有机衔接,形成"门到门"的一体化物流能力。提供快捷、灵活、可靠、安全"门到门"一体化物流服务,加强与大宗物资企业、原材料企业、工业企业、商贸流通企业的联动,形成紧密的供应链合作关系。

　　形成全方位、多层次物流服务体系,即交通运输在网络、能力、结构、技术设备、组织经营、信息、产品服务类型等方面加强优化与协调,促进网络完善、结构优化、效率提高、服务能力和水平提升,促进货运竞争力提升,促进货运与相关产业联动发展,促进货运物流国际化,促进民生物流和应急物流发展等。

三、推动货运物流化的路径

（一）铁路货运物流化路径

铁路作为国民经济的大动脉，对国家发展有全局性影响，其效率高低、服务水平如何，对经济社会发展有深远影响。国内铁路优势在于庞大的基础网络、大能力的运输通道、丰富的运输产品体系、集中统一的生产指挥，但存在铁路物流发展滞后、市场反应不够灵敏、供需匹配不够、物流市场有待进一步开拓等突出问题。面对新形势高质量发展要求，铁路货运要以满足市场需求为出发点，寻求实现"快速响应、高效送达"以及服务于不同客户的个性化现代物流服务，作为努力发展的方向。要在巩固好站到站、场到场的传统大宗干线货运服务基础上，进一步向第三方物流、综合物流、供应链物流发展转变，延伸运输服务范围，增加价值创造能力，使货物在客户期望的时间和地点安全、高效到达。图 6.1 是铁路货运物流化路径。

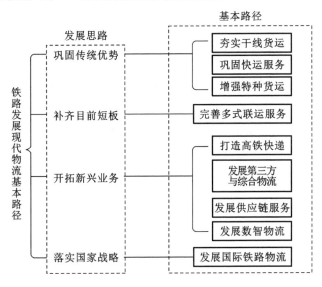

图 6.1　铁路货运物流化路径

（1）夯实铁路干线大宗货物运输。构建包括煤炭、矿石、粮食等大宗物流通道，发挥铁路在大宗货物长距离运输方面的主力作用，打造超级干线承运人地位。

（2）提升铁路快运服务。构建适合铁路的白货物流服务体系。

（3）开拓铁路特种货运运输。构建包括大宗冷链、危险货物等特货物流服务体系。

（4）加强铁路多式联运输服务。积极发展铁水联运、铁公联运、铁空联运，推动铁路与公路、航空、水运等开展各种形式的合作，积极开展集装箱多式联运服务，大力发展一票制、一站式、一体化集装箱多式联运服务。

（5）打造高铁快递。依托高铁网络这一优质运输资源，铁路企业通过联合、收购、兼并相关快递企业或在成熟地区自建快递网络，打造中国高铁快递服务网络，让高铁快递成为中国快递领域的新兴力量。

（6）发展第三方和综合物流服务。通过降低客户物流成本提高利润空间，大力拓展加工、仓储、配送、金融、咨询等增值服务，发展钢铁、家电、汽车、快销、冷链、工程等第三方物流和综合物流服务。

（7）开拓供应链服务。利用铁路干线运输和铁路物流服务能力，纵向拓展延伸，结合客户的生产、销售、贸易、金融、信息等需求，提供产、运、储、销、金融、信息等一体化供应链服务。

（8）发展数智物流。推动铁路货运数智化，建设数智物流平台，打造铁路物流大脑。构建全程可视可控的铁路数智物流服务体系。

（9）布局国际铁路物流。适应区域经济一体化、"一带一路"倡议、跨境电商快速发展和全球经济格局变动新形势，以中欧班列、中亚班列、铁海联运、铁空联运、铁公联运为核心，大力发展国际多式联运，拓展铁路的国际物流总包、货运代理等业务，构建铁路国际物流服务体系。

（二）公路货运物流化路径

公路与铁路一道构成了陆路主要运输方式，公路运输机动、灵活、便捷，通达性好，可实现"门到门"运输。公路也是铁路、水运、航空集疏运的前提。

公路运输在综合交通运输体系与现代物流中有着十分重要的作用。公路货运量、货运周转量远高于其他运输方式,公路货运发展状况对国内贸易和国内经济运行影响很大。当前,全国性大型公路货运物流企业严重缺乏,公路货运企业规模偏小。公路货运生产组织方式不够集约高效。图 6.2 是公路货运物流化路径。

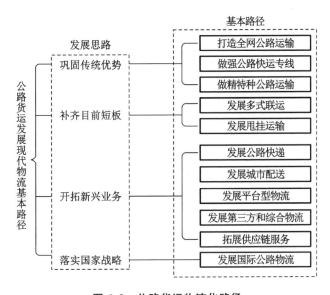

图 6.2　公路货运物流化路径

（1）打造全网型公路货运体系。通过形成全国性公路货运网络、全国性超级车队、全国性公路货运企业集团、全国性公路货运联盟等,提供可靠的标准化、精准化、专业化、品牌化的全国性公路货运服务。

（2）做强公路快运专线。大力发展标准化、精准化、高速化、专业化的整车专线、零担快运、定时达公路货运专线、公路货运班车等。

（3）做精公路特种货运物流。发展专业化的特种物品(如燃油料及其他液态、粉状货物,冷冻、冷藏货物,废物垃圾等)物流。

（4）发展多式联运。加强公路与铁路、航空、水运的联合,大力发展多式联运特别是集装箱多式联运。

（5）发展甩挂运输。支持公路货运企业开展甩挂运输,创新甩挂模式。鼓励公路货运企业之间加强合作,实现资源和运力的优化配置。

（6）发展公路快递。公路货运企业加强与邮政、快递企业合作，积极服务城际、同城快递，让公路成为中国快递业发展的基础性支撑力量。

（7）发展城市城际配送。发展直达终端的城际配送、市内配送、末端配送、共同配送等。

（8）发展平台型物流。大力发展综合公路货运枢纽、公路港、线上公路货运物流平台等，构筑全国物流平台网络，建立高效、集约、协同、共赢公路物流生态体系。

（9）发展第三方物流和综合物流。以合同方式为工农业、商贸流通企业提供专业化、个性化、定制化、一体化、综合化物流服务。

（10）开拓供应链服务。利用公路货运物流能力，结合贸易、生产、金融、信息，为客户提供产、运、储、销、金融、信息等一体化供应链服务。

（11）部署国际公路物流。大力发展中国与周边国家、与"一带一路"沿线国家重要公路物流，全面融入亚洲公路物流和全球公路物流体系。

（三）水路货运物流化路径

水路运输是重要的基础性、战略性产业。量大价廉和较为便捷的水路运输是联系全球性经济贸易的主要方式，承担着全球性、区域间的货物运输，是经济全球化和区域化的重要纽带。中国对外贸易 90% 以上的货物运输通过水运实现，国际海运、国内水运以及港口发展在经济发展中具有基础性、战略性作用。图 6.3 是水路货运物流化路径。

（1）加强内河水运。加强内河港口和航道基础设施建设，优化内河运力结构，建成畅通、高效、平安、绿色的现代化内河水运体系。

（2）提升沿海海运。加强沿海港口基础设施建设，优化沿海运力结构，建成畅通、高效、平安、绿色的现代化沿海水运体系。

（3）做强国际海运。建设规模适度、结构合理、技术先进的专业化船队。优化港口和航线布局，积极参与国际海运事务及相关基础设施投资、建设和运营，扩大对外贸易合作。加快发展航运金融、航运交易、信息服务、设计咨询、科技研发、海事仲裁等现代航运服务业。通过联合、联盟和国际并购重

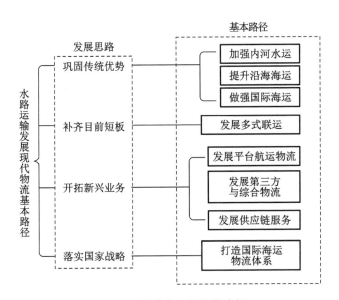

图 6.3 水路货运物流化路径

组,做大做强国际海运业务,打造"国际海运超级巨人"。

(4)大力发展多式联运。发展铁水联运、江海联运、水水转运和水路集疏运,大力发展集装箱多式联运。

(5)加快平台型航运物流发展。加强建设线上航运交易平台,有效整合航运资源和对接客户资源,实现线上线下一体化运作。

(6)大力发展第三方物流与综合物流。港航企业依托港口、航运现有能力,加强与货主、商贸、腹地运输、报关报验、仓储管理、配送、加工、金融、保险、船舶贸易、航运交易、信息咨询等合作,发展第三方物流和综合物流。

(7)拓展供应链服务。加强航运企业与工、商、贸、金融等企业一体化合作与发展,提供产、运、储、销、金融、信息等一体化供应链服务。

(8)打造国际海运物流体系。完善国际海运服务网络,结合国际港口物流园区、仓储中心、配送中心等,形成强大的国际海运物流服务能力。

(四)航空货运物流化路径

民用航空运输以其速度快、时效性强、安全性好、具有长距离通达能力的优势,在综合交通运输体系中的地位和作用日益突出,是增长最快的运输方式。航空货运是国际贸易的重要推动者,它适应了国际贸易距离长、空间范围变化大、联系面较广的要求,其提供的世界性航空运输网络有效地满足了国际间高时效性的物资贸易的需求,促进了生产和服务的全球化,能够使各国参与到全球市场中。当前,中国的航空物流发展严重滞后,无论是航空货机规模,还是航空物流基础设施建设均十分欠缺,航空货运缺乏国际竞争力,航空货运模式单一,航空物流刚刚起步。图 6.4 是航空货运物流化路径。

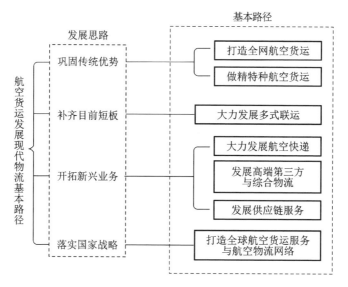

图 6.4　航空货运物流化路径

(1) 打造全网航空货运服务网络。加快引进全货机,形成规模化货运机队。加强货运机场、航空货运和物流枢纽建设。航空货运企业之间加强联合,形成覆盖全国范围的规模化航空货运服务网络,打造航空货运"超级承运人"。

(2) 做精特种货物航空物流。积极发展高时效、高附加值等航空指向性或特种货物航空物流。

(3) 大力发展多式联运。加强航空与铁路、公路的联合,大力发展空铁联运、空公联运、空海、空公铁联运。

(4) 大力发展航空快递。依托航空网络这一高端优质资源,通过联合、收购、兼并相关快递企业、配送企业或在成熟地区自建快递网络或配送网络,打造航空快递、航空特快服务网络,实现省内 24 小时达、国内 48 小时达高品质快递服务,让航空快递成为引领中国快递业发展的新兴力量。

（5）积极发展高端第三方物流与综合物流。通过与生产、商贸流通企业紧密合作,为其提供高时效性的个性化、定制化、一体化、综合化物流服务。

（6）开拓供应链服务。利用航空货运物流能力,结合客户的贸易、生产、销售、金融、信息等需求,为客户提供产、运、储、销、金融、信息等一体化供应链服务。

（7）打造全球航空货运服务和航空物流网络。加快完善国际航空货运网络。加强与周边国家航空货运一体化,加强与各国之间的国际航空线路连接。加强境外航空物流中心的战略布点。航空货运、航空物流、航空快递企业深化与国际专业服务机构合作,拓展国际航空货运服务市场。

（五）推动综合货运枢纽向综合物流枢纽转型

综合货运枢纽是战略性交通基础设施,是交通运输网络、物流网络的关键节点,是城市与地区发展的重要动力源,具有多重属性。其体系、结构、功能与效率深刻影响着地区、国家甚至全球的运输、物流、供应链效率。构建完善、强大、有韧性的综合货运枢纽体系,是交通强国、现代化强国建设的基础性支撑。

综合货运枢纽的发展要善于在"谋全局"中"谋一域",在现代化产业体系建设中设定新方位。

一是精准定位,把握大势,体现战略意图。

从国际国内连接、流动、交流、贸易、供应链、分工、创新、服务、竞争的角度进行总体谋划。

从国内外运输、物流、供应链格局变化中谋划综合货运枢纽、物流枢纽、供应链枢纽建设。

从承载国家重大战略,交通强国、开放新格局、产业链供应链安全等角度提供强大的物流服务能力。

从牢牢把握新一轮科技革命与产业变革的机遇中，推动综合货运枢纽效率变革、质量变革、动力变革、模式变革。

从贯通国民经济循环、打造高效供应链体系角度推动综合货运枢纽与上下游产业、地区经济深度融合发展。

从把握需求，洞悉物流需求变化中，促进供给与需求的高效匹配与良性互动。

二是坚持目标导向、问题导向，扬长补短。目标方面，从国内国际服务能力、创新能力、可持续发展能力、应急响应能力、供应链绩效等维度设定目标体系。推动形成安全可靠、便捷高效、创新活力、绿色低碳的现代物流体系。推动形成具有影响力、辐射力与竞争力的强大物流产业集群。集聚涵盖各类型物流企业的有韧性的产业生态。推动综合货运枢纽与地区经济深度融合，形成业态丰富、主体多元、开放包容的物流经济集聚区。建成数智物流、绿色物流城市。问题导向方面，着力解决物流供应链中的痛点、堵点、断点、盲点。

三是分类施策，有序推进，综合协同。综合货运枢纽，功能是货运，落脚点是枢纽，特征是综合。综合，讲究的是协同与一体化；枢纽，讲究的是连接、辐射。由于运输多样性、空间属性多样性，地理属性多样性，决定了综合货运枢纽也是多种多样的。

不同类型、不同空间位置的货运枢纽要立足自身条件，充分发挥自身优势，因地因时制宜，分步推进。推进全社会运输物流资源的互联互通与社会协同。

四是发展"枢纽＋"，推动枢纽经济、通道经济、门户经济、平台经济、集聚经济发展。推进综合货运枢纽、物流通道与区域经济、产业经济、内外贸易深度融合。发挥枢纽、通道对本地经济、沿线经济、开放经济发展的带动作用，促进区域产业结构优化升级。推动枢纽与相关产业联动发展，构建起能够推动产业转型升级、内外贸易发展的物流服务体系。以综合货运枢纽促进内外开放。推动数字经济与综合货运枢纽深度融合，打造货运物流平台。以综合货运枢纽为契机，降低全社会物流成本，助力区域产业集聚发展。

四、推动货运物流化的保障措施

可从基础设施、运输服务、装备技术、体制政策四个方面加强保障。

基础设施方面：优化交通运输结构；加快货运物流枢纽建设，提升货运通道能力，加强集疏运通道、城际通道和城乡交通一体化；构筑国际战略运输通道；公路与铁路、港口、机场、物流园区及场站主动衔接。

货运服务方面：大力发展多式联运、综合运输、一体化运输和国际运输。加强运输资源整合。推动运输企业联合和兼并重组。

技术装备方面：推动货运物流装备技术创新，广泛应用 EDI、ITS、GIS、ETC、北斗卫星定位系统、集装箱单元、电子票据、互联网、移动互联网、物联网、大数据、云计算、区块链和人工智能等。

体制和政策方面：深入落实交通运输大部制改革方案，促进交通运输结构优化和综合交通运输体系建设；坚持运输市场化改革方向，健全货运市场规则，完善货运价格机制，形成货运物流市场化定价机制；消除地区和部门壁垒，放宽铁路货运市场准入，加快形成"统一开放、竞争有序、公平合理"的运输市场。

第7章
推动仓储业转型升级

　　仓储业是国民经济的基础产业,物流业的重要组成部分。仓储业的持续健康发展,对于支撑中国的工业化、城市化、市场化、信息化和全球化进程有着重要的作用。经过改革开放40多年的发展,仓储业有了较好的基础。同时要看到,仓储业的体系、规模、结构、布局、产业组织、技术水平、能力、竞争力、商业模式、品牌、营销、供应链管理等均有待改善和提升。在市场竞争愈发激烈、电子商务快速发展、产业形态不断演变、消费结构持续升级、全球化深入推进、新科技新革命发生的新形势下,必须加快仓储业升级,构建起强大、智能、绿色的现代化仓储体系,推动仓储全面融入现代物流与供应链体系。

一、中国仓储业发展现状

(一)仓储业规模持续扩大

　　跨入新世纪以来,仓储业进入快速发展阶段。据中国仓储与配送协会推算,截至2023年底,中国营业性通用(常温)仓库面积约12.4亿平方米,其中,立体库(高标库)约4.3亿平方米,占设施总量比例已达34.6%。截至2023年底,中国冷库总容积约2.5亿立方米。

（二）仓储主体多元化

中国仓储设施过去基本上由储运企业与批发企业拥有并投资建设,跨入新世纪以来这种情况有很大变化:出现了专门从事仓库建设与出租的仓储地产企业;电子商务企业、连锁经营企业、运输企业、快递企业、货代企业以及非资产的物流企业纷纷投资仓储设施;仓储地产企业、物流园区成为仓储设施建设的重要力量;外资企业大举进入仓储领域,形成外资、国有与民营共同开发的格局。

（三）仓储业态多样化

冷藏仓储、社会化配送中心、专业化仓储以及防疫救灾物资仓配、危险品仓库、保税仓等快速发展。仓储业开展 VMI、JIT、供应链金融、零配件与商品的分销配送等业务。流通加工、分拣包装、质押监管、代理采购、分销配送、规模化配送等增值服务得到发展。出现了自助式仓储、家居仓储、文件保管、弹性仓储等业态。与生产制造、商贸流通企业的战略合作,通过提供多元化服务助力生产制造、商贸流通企业优化供应链流程、提升数字化能力、提高设施质量与智能化水平、实现供应链效率提升与质量提升。打造"前置仓 + 即时配送"模式,制定基于"服务场景 + 技术支撑 + 服务体系"的定制化方案。云仓模式的适用场景逐步扩展,由电商快递领域向垂直产业链延展。

（四）仓储技术水平有所提高

大中型仓储企业应用多层货架、托盘、叉车与仓储管理信息系统的状况良好,仓储机械化作业、信息化水平不断提高。条形码、智能标签、无线射频等自动识别、标识技术、可视化及货物跟踪系统、自动或快速分拣技术,在一些大型企业与医药、烟草、电子、电商等专业仓储企业应用比例较高,智能仓储建设取得一定进展,提高了存储密度、出入库效率,减少货物耗费在仓内周转的时间。少量企业打造可控可视可管的即时仓储配送系统。

（五）仓储国际化不断推进

近几年，国内跨境电商企业、物流企业、快递企业、专业海外仓储企业加快了布局海外仓的步伐。据中国仓协海外仓分会统计调查，截至 2023 年底，我国分布在全球的海外仓数量已超过 2 500 个，总面积超 2 000 万平方米。

二、中国仓储业存在的主要问题

（一）仓储结构不太合理

相对于发达国家仓储效率高和中国物流业现代化要求，仓储业的产业结构不太合理，组织化、规模化、标准化、机械化与数智化水平仍然比较低。现阶段，仅头部仓配企业在探索数字技术应用与一体化平台搭建，大部分中小企业因未找到适合的应用场景、投资回报不明确、缺乏专业人员等因素，对数字化、智能化方面的投入持观望态度、热情不高。[①] 仓库设施在结构与地区分布上存在供求矛盾：一方面，"物流园区"存在盲目性、重复性建设，一些仓库空置率居高不下；另一方面，适合城市配送、市内分拨、电子商务、生鲜冷链的仓储网点严重不足，危化品仓库长期短缺，多地呈现"一库难求"之势。

（二）传统经营方式难以为继

不少仓储企业对市场需求把握不准，仓库功能单一，主要体现以静态的"储备""储存保管"为主，追求的是储存时间越长越好、储存的东西越多越好，

---

① 中国仓储与配送协会研究咨询中心，2023 中国仓储配送行业发展报告，2023 年 6 月。

与商品丰富,快速周转、供应链一体化、线上线下融合的现代经济不相适应;低矮的平房仓库不便于商品的立体堆存与机械化的快速作业,仓库的作业速度较慢;"静态"的储存保管功能与快速周转的需求"背道而驰";手工填写的垛卡、表单等难以反映众多商品的海量信息、不能满足供应链各环节的及时、准确的信息共享。仓储企业亟须进行经营方式的创新。

(三)库运营风险隐患较大

部分仓库设施未经验收就投入运营,仓储管理与操作人员未经培训就上岗;部分仓库没有配备相应的车辆通道与作业场地,存在较大安全隐患;部分普通仓库违法储存危化品。危化品仓储安全形势严峻,2015 年"8·12"天津港危化品仓储爆炸特别重大安全事故,教训极其惨痛;食品储存与担保存货管理等存在较大风险隐患。这些不仅影响正常的市场秩序,也不利于整个行业的健康发展。

(四)土地、人才等要素支撑不足

仓储业发展离不开土地、人才等要素支撑,但这方面的束缚明显。随着城市化进程的加快,城市范围内的仓储设施建设用地日趋紧张,造成大部分城市仓储用地供应稀缺,难以满足日益增长的仓储需求。仓储业发展所需的专业技术人才、操作型人才、管理型人才、国际化人才以及复合型人才都比较缺乏。

三、仓储业转型升级思路

中国仓储业发展潜力巨大,未来发展的主要目标是:对内,推动建设一个强大、智能、绿色的现代仓储体系;对外,构建服务全球供应链的国际仓储体系。在目标指引下,结合仓储业现状及存在的问题,把握时代要求,实施"十六来"发展战略。

1. 动起来：由"静"向"动静结合"转变

仓储的根基在"静"，即储存、保管，但活力在"动"，要实现高效的物资周转，从"蓄水池"变为"调节阀""调度室"。"动静有机结合"，将使仓储实现更高的劳动生产率、空间利用率和资金周转率，降低社会物流成本。

2. 多起来：从单一功能向多功能转变

仓储需从单一、简单功能向更多功能、更多增值服务转变。如图 7.1 所示，仓储服务逐步由收货、理货、配货、分拣、装卸、搬运等简单功能向库存管理、检验、保管、加工、集散、转换运输、配送、保税等多种功能和更高增值活动扩展，满足不断多样化、个性化的需求和生产方式的变革。

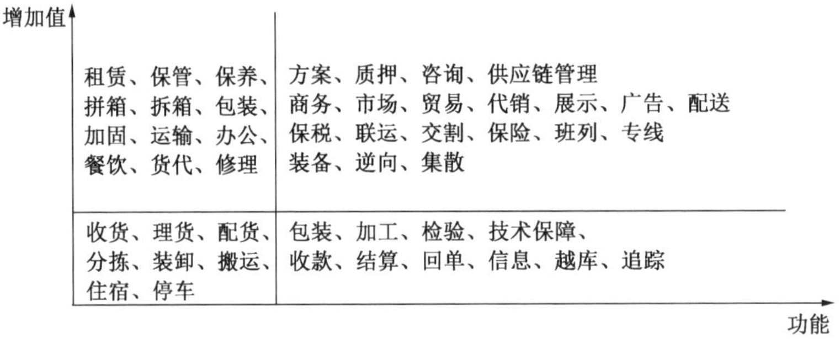

图 7.1　仓储业的功能延伸

3. 智起来：从非智能向智能转变

仓储业应把握新科技革命的重大机遇，广泛应用互联网、大数据、云计算、移动互联、物联网、智能分拣、智能仓库等技术，提高自动化、数字化和智能化水平，实现安全、高效、灵敏、实时、可控、人性化的服务，让仓储变得更加智慧。

4. 电起来：从线下向线下线上结合转变

改变仓储主要提供线下实体服务的模式，构建专门的线上仓储平台，实现线上线下结合。发挥线上仓储的网络营销、网上电子商务功能,通过线下线上流程对接和优化,扩大仓储服务的对象主体、范围与规模,实现仓储资源利用最大化。

5. 柔起来:从刚性向柔性转变

仓储柔性化是未来发展的重要方向,也是走向成熟的重要标志。柔性,要求仓储能够迅速对市场做出反应,能够应对不确定性,甚至第一时间对应急需求做出反应。

6. 精起来:从粗放向精细化、集约化转变

仓储精细化,就是改变仓储业粗放式服务方式,以满足不断分层化、分散化和细化的市场为导向,紧扣用户体验、产业升级和消费升级需求,实施服务精准定位、精细服务、精细管理、精确评价,精益求精。仓储集约化,就是通过优化管理链条和资源配置,强化物资需求计划,对物资进行集约化仓储配送管理,发挥规模经济效用,降低企业成本,使资源统筹分配,提高仓储利润空间。

7. 特起来:从普通向专业、特色转变

仓储设施的优劣、布局和选址的好坏、专业化水平的高低等因素,决定着物流系统的效率与质量。专业化、特色化仓储所带来的高效率和最终收益,比仓储只是得到租金更有吸引力。专业性强、特色鲜明的仓储服务能够更好地满足经济转型升级对高质量仓储的需求。

8. 联起来:从孤立向联动联结联合转变

联动、联结、联合、共利、共赢、共享是当前的重要时代特征。传统仓储企业长期以来各自为政、自成体系,造成彼此业务流不统一,业务用语和作业规范大相径庭;同时,造成国内仓储企业之间无法实现供应链高层次协作,无法整合资源,实现一体化联动,只能在供应链上承担局部性、环节性的服务。这种现象造成竞争层次低、能力受局限、资源浪费大。仓储企业应跳出自身资

源局限,以开放的心态,与外部企业联合,资源共享,互联互通。

9. 绿起来：从灰色向绿色转变

绿色,要求仓储单位增加值能耗、水耗、资源综合利用率、废气及温室气体减排达到先进水平;服务质量和安全有充分保障;仓储设施符合审美情趣。以降低资源消耗、能耗、水耗、土地消耗和排放为抓手,推动绿色设计、清洁生产、绿色建材、绿色存储、废弃物回收再利用等资源节约、环境友好型作业的发展,提高资源和能源的综合利用效率,使用清洁能源和可再生能源。

10. 美起来：从缺乏形象向良好形象和美誉度转变

企业形象是企业展现在社会公众面前的各种感性印象和总体评价的整合,包括企业及产品的知名度、社会的认可程度、美誉度、客户的忠诚度等方面。企业形象是无形财富,良好的形象提高影响力和吸引力,也为企业的发展提供良好的社会环境。仓储企业形象可通过服务质量、诚信和良好合作来塑造。

11. 文起来：从不规范向标准化、规范化服务转变

文明规范、人文修养、文化内涵是"文起来"的核心特征。标准化不足成为仓储发展的瓶颈,亟待解决。仓储企业需实现规划标准化、货类标准化、信息标准化、设备标准化、安全标准化与服务规范化。

12. 名起来：从缺乏品牌向树立品牌转变

品牌是企业发展理念、企业文化、实力、社会信任度、服务品质和附加值的综合体现,品牌在市场资源整合和竞争中的影响越来越大。仓储企业必须强化品牌意识,树立品牌理念,做好创建品牌的工作。

13. 洋起来：从国内业务向统筹国内国际业务转变

国际仓储服务是国内仓储的延伸和扩展,是跨越国界、流通范围扩大了的"物的流通",是实现货物在不同国家移动的国际贸易活动。仓储国际化,

既是国际市场需求的要求,又是仓储业自身发展到一定阶段的必然。仓储企业应当根据自身实际,通过适宜可行的国际化手段,构建起适宜的国际仓储运作体系。

14. 富起来:从与金融分离向与金融结合转变

在现代经济条件下,仓库相当于"实物银行",仓库存货可用于担保融资,可流转的仓单相当于有价证券。仓储与金融结合,以库存原材料、半成品和产成品抵押进行融资,解决发展中的资金问题,既是金融创新,又对行业大有益处。中国金融仓储、仓储金融、仓储融资尚处初始阶段,市场需求很大,成长空间广阔。

15. 知起来:从投资硬件资产向投资知识性资产转变

仓储业要更加注重对技术、能力、供应链资源、物流信息网络、诀窍、专利、商业机密、企业文化、管理经验、数据库、软件、组织结构、人力资源等知识性资产的投资,以提升仓储业持续升级的能力。

16. 强起来:从物流节点向供应链节点、跨界整合和供应链一体化转变

企业间竞争是供应链的竞争、生态体系的竞争。仓储企业融入到利益相连、业务相关、高效运行的供应链中去,实现优势互补和协同效应,是应对市场变化的有效途径。仓储很大程度上影响到供应链的成本与效率。仓储应与运输、配送、快递、商贸、制造、信息等有效协同,与供应链上各种业务联合、联动、一体化发展,成为拥有库存控制、集散、增值服务、信息发布、物流和供应链管理的关键节点。

总之,世界经济发展、全球化、新技术革命以及日益激烈的竞争,要求中国仓储业加快形成"体系完整、布局合理、功能多样、技术先进、高效运作,融入全球供应链,满足上下游需求,拥有一批世界知名品牌仓储企业,拥有一大批专业化、特色化的中小仓储业群体"的格局。以上这十六个"来"是仓储业赢得未来的重要战略抉择。

第 8 章
推动快递业由大变强

　　快递业是物流业的重要组成部分,与生产生活紧密相关,是转方式、调结构、稳就业、促循环的重要力量,是降低全社会物流成本、增加物流效率的重要环节。中国是快递大国,但还不是强国,存在不少突出短板。在新的历史时期,加快推动快递业由大变强,是一项重要的战略任务。

一、多重力量塑造快递大国地位

　　过去十余年,中国快递业呈现高速增长态势,从 2010 年的 23.4 亿件、2014 年的 100 亿件、2018 年的 500 亿件,到 2021 年突破 1 000 亿件,2023 年快递业务量(不包含邮政集团包裹业务)累计完成 1 320.7 亿件,超过全球50%,对全球包裹快递量增长贡献率超过 60%,快递量规模连续 10 年稳居世界第一。快递网络已经覆盖全国,遍及城乡。
　　中国迅速成为快递大国,主要受“五力”影响。
　　一是巨大的市场“拉力”。中国经济社会深刻变革,经济持续快速增长,成为世界第二大经济体,释放了巨大的市场能量,大国大市场的作用显著。生产经营方式、消费方式、流通方式、贸易方式的深刻变革,个性化、高时效的物流需求等促使进快递规模持续扩容。特别是,快递业牢牢把握住了电子商务高速发展机遇,形成了电子商务与快递相互促进的发展格局。巨大的市场拉动,使快递逐步从中高端服务走向千家万户,变成大众化服务。

二是重大政策"助力"。邮政体制改革持续深化。制度、政策、法律等软环境持续优化,民营快递合法化;放宽经济性管制,放宽民营快递经营范围;降低社会资本进入门槛;政府通过战略规划与政策积极引导等。

三是中国特色的各类要素"推力"。中国丰富且较低成本的人力资源;务实的商业模式,如直营+加盟;先进适宜技术,既有大量先进数智技术应用,互联网+、自动化分拣、电子面单、航空运输、平台等,又有数百万辆合法运营的电动三轮车;交通运输基础设施不断完善。

四是市场竞争的"压力"。快递市场竞争日益激烈,优胜劣汰,在竞争压力下,快递企业不断主动地去满足大众化、便利化、个性化需求。

五是追求利益的"动力"。快递业中民营企业占绝大多数,民营快递企业面对高速增长的市场机遇,激发其对财富、利润追求的动力。

二、中国成为快递强国尚需过五道关

尽管中国快递业发展创造了世界物流史上的一个奇迹,但中国不是快递强国,粗放式发展特征明显,国际竞争力弱,体系尚不完善,结构不尽合理,发展不平衡,绿色发展问题突出等。迈向快递强国,还需过"五道关"。

一是农村关。快递改变着农民的消费方式,改变着农村的流通方式,改变着农业的经营方式。"快递+三农"前景广阔,快递下乡在助力农产品进城、促进城乡流通、缩小城乡差距等方面发挥更大作用,将使中国新农村建设焕发更加蓬勃的生机,将给中国农村带来更加可喜的变化。近些年,快递农村服务网络不断延伸,农村物流配送模式不断创新,初步解决了农村"最后一公里"问题,为工业品下乡与农产品进城创造了条件,为农业发展、农民生活改善、农村发展环境改良、乡村振兴等提供了重要的助力。但总体看,农村快递发展不充分不平衡的问题比较突出,农村快递网络局部不畅、成本较高、数字化转型慢、标准化能力不足、冷链专业化水平较低。结合国家乡村振兴战略要求,农村快递体系的建设任务还很重。

二是国际关。中国快递业迅速发展得益于巨大的国内市场，内生性发展特征明显，外向性发展明显不足，国际化起步晚，国际网络建设、国际服务能力、企业国际竞争力弱。从国际快递格局看，国际三大快递公司的国际业务优势明显。例如，联邦快递的全球服务网络基本覆盖全球。联邦快递、联合包裹、敦豪的国际业务收入占收入比例远高于中国快递企业。全球三大市场中的美国、欧洲已经被 UPS、USPS、FedEx、DHL 等国际快递公司占领，国内快递企业进入困难。与中国打造交通强国、物流强国、制造强国、贸易强国的要求相比，国际快递体系的任务还相当艰巨，挑战也是最大的。

三是科技关。经过多年发展，快递业逐渐从劳动密集型向技术密集型转变。新一轮科技革命与产业变革浪潮，叠加市场需求迅速变化和不断细分，以及监管政策的调整，需要快递业充分应用新科技（如自动化、数字化、智能化、无人化、一体化、绿色化等技术）解决发展中面临的问题与挑战，以实现自身效率变革、质量变革、动力变革，推动快递业创新迭代。如何保持快递业持续创新能力和创新活力、构建科技创新引领的现代化快递服务体系是一项长期性战略任务。

四是安全关。快递行业具有（网）点多，（涉及）面广，（业务）量大，劳动密集程度高（人员众多），服务对象有流动性和非特定性，服务频次高，渠道人货分离等诸多特点，使其容易成为不法分子实施犯罪或获取犯罪工具的渠道。不法分子利用寄递渠道非法递送枪支弹药、爆炸物品、毒品、易制毒化学品、政治非法出版物、宗教极端宣传品、法轮功宣传品、淫秽物品、假币、假发票、假证件、假公章等，甚至还有恐怖分子和个人极端分子从寄递渠道获取作案工具。这将威胁到公共安全和社会安全，甚至国家安全。

五是绿色关。在快递日益成为推进经济发展的新动能过程中，绿色快递的价值和作用更加凸显，快递业高速发展给社会带来一系列环境问题，较为明显的就是包装浪费与污染，具体表现为：包装消耗量巨大，过度包装现象普遍，大部分原材料不符合绿色环保降解要求、回收使用率不高。假设每件快递所用的透明胶带平均长 1 米，中国快递业 2023 年用掉的透明胶带就可以绕赤道 2 500 圈。快递包装垃圾难降解、难处理，给资源环境带来了巨大的压力。更严峻的是，中国包装垃圾的总体回收率小于 20%，即便回收率最高的纸盒也低于 50%；而快递包装中的填充物、胶带等塑料成分，其回收率几乎为 0。此外，快递业的运输环节也消耗大量能源，向大气中排放污染物和二氧化碳。

三、快递业由大变强需建好七大体系

未来一二十年，是中国快递业从大国迈向强国的关键时期，机遇与挑战并存，全球变局与强国建设对快递业发展提出更高的要求。快递强国建设是一项复杂的系统工程，既要系统性设计，又要突出重点，扬长补短，攻守兼备，完善体系、优化结构、增强功能，推进体系化、国际化、数智化、绿色化、安全化，与国民经济联动发展，具体要建设好七大体系。

（一）优化快递城市服务体系

随着工业化、城市化、信息化、国际化深入推进，城市将成为快递服务最集中的地区，城市商业活动、居民生活、工业生产会进一步升级，城市快递服务质量要求将不断提高，物流市场将进一步细分，一体化服务需求不断增加。快递业需深刻把握中国城市发展的阶段性特征，完善城市快递服务体系，充挥发挥其城市运行加速器的作用。构建起满足"世界级城市——线城市—二线城市—三四线城市—五六线城市"等不同城市能级要求的快递服务体系，构建起符合城市群、都市圈、城际内在联系特点的快递服务体系。

（二）健全农村快递服务体系

紧紧围绕农村需求变化，加快完善县、乡、村三级快递服务网络，合理网点与线路布局，增强服务功能，优化服务结构，以更多的价值创造，实现快递业与"三农"深度融合，打造高效集约、协同共享、融合开放、绿色环保的城乡快递与配送服务体系。充分利用农村现有仓配与邮政快递资源，推动快递企业和电商企业合作,建立"一点多能、一网多用、深度融合"的符合中国农村发展特点的快递与配送网络,推进"邮快合作""快运合作""快快合作""快商合作""快配合作"等。促进快递延伸到田间地头与偏远山区,与农业、农村电子商务、网络直播联动发展。发展生鲜冷链快递物流。推动互联网＋邮政快递、智能＋邮政快递。在偏远地区布局无人载具,创新农村配送模式等。

(三) 打造快递国际服务体系

拓展海外服务布局。推进快递业更好服务"一带一路"建设。统筹布局境外快递支点,聚焦运输、仓储和收投等环节,增强国际快递网络的连通性和稳定性,鼓励建设海外仓和境外地面服务网络。面向东南亚、东北亚、中亚、南亚等周边区域,加快结点成网,形成区域网络优势。面向欧洲、北美,拓宽双向快递通道。面向中东、非洲和南美洲等地区,增强网络连接,挖掘市场潜力。

提升跨境服务能力。鼓励快递企业提升跨境干线运力和供应链一体化服务能力,完善多语种客服响应、全程跟踪查询和涉外纠纷处理机制。引导快递企业之间集约共享清关资源,加强与银行、支付、保险等金融机构开展业务对接,提升通关、结算和换汇效率。引导快递企业充分利用海外市场调查、国别政策法律咨询等专业化服务,拓展境外业务,保障合规经营,强化风险管控。

(四) 构建快递科技创新体系

科技赋能开启快递业务现代化进程,科技创新引领快递服务体系深刻变革。快递科技创新体系涉及内容广泛,重点要抓好以下几项内容:一是创新快递技术手段,充分运用互联网、移动互联网、物联网、云计算、大数据、区块链、无人机、无人配送车、智能快件柜等;二是创新快递运作流程,将新科技融入内部处理、干线运输、末端配送等多个环节;三是拓展快递服务场景,将新科技应用于提高运作效率、提升用户体验、加强安全保障、促进绿色环保等种用途;四是构建快递业自主可控的核心技术体系。

(五) 形成快递绿色发展体系

构建起包含管理体系绿色化、包装体系绿色化、运输绿色化、设施绿色化和仓储分拣绿色化的快递绿色发展体系。

引导快递企业进行全生命周期的绿色管理。快递企业应建立健全企业生态环保组织机构和工作体系,将生态环保工作与企业经营运营同部署、同推进,全面落实企业主体责任。加大绿色快递发展理念、节能环保先进技术与管理的培训力度,提升企业环保意识。

加快推进快递绿色包装。全面提升快递包装减量化、标准化、循环化水平。推进包装材料源头减量,提升绿色环保包装材料与可循环快递包装应用比例。推进快递包装规范化,大力推广简约包装和包装模数化,杜绝过度包装。推动电商与快递包装协同治理,促进用品通用、标准统一、平台互认。持续增加绿色产品供给,规范和加强快递包装废弃物回收和再利用。

加快推广绿色运输装备。推广应用高效、节能、环保的运输装备,在中转盘驳、城市配送等环节积极推广使用电动车辆。引导企业采购符合国家标准的干线运输车辆和低碳环保的末端投递车辆,逐步淘汰排放超标车辆。鼓励企业采取甩挂运输、多式联运等提高干线运输效率,合理调度快递车辆,优化路由,减少重复交错运输和快递车辆空载。

推广绿色设施。鼓励与支持快递企业分拨中心、数据中心、管理中心等场所进行节水、节电、节能等,实施能源管理,降低能源消耗。

推广绿色仓储,最大限度地节约资源(节能、节地、节水、节材)、保护环境和减少污染,提供健康、适用和高效的使用空间,以及与自然和谐共生的仓储建筑。

(六) 融入供应链服务体系

用供应链视角来重新审视快递服务的角色与定位,实现"快递＋"战略,从通过降本增效、增加功能（如网络拓展、定制采购、国际通关、金融服务、数据、品牌塑造、市场营销等），将快递深度融入农业供应链、工业供应链、商贸供应链、国际供应链，形成"快递＋科技＋产业＋贸易"新型供应链体系，构建更具韧性的产业发展生态。

（七）夯实快递安全发展体系

构建起"企业低成本运行—用户易于接受—政府高效监管—安全有充分保障"的快递安全制度，坚持"合法、安全、便民、高效、创新"的原则，实现效率与安全、规范与发展的统一。落实好"实名收寄、收寄验视、过机安检"三项制度，推广使用邮政业智能安检设备。健全随机抽查配套制度。着力整治未经许可经营快递业务、低价无序竞争、未按约定方式投递等违法违规行为。推进信用体系建设。

第9章
推动物流数智化发展

　　全球经济正处在新一轮大调整大变动的新阶段,新科技革命与产业变革势不可当,围绕着新科技、新经济、新业态等竞争日趋激烈。其中,互联网、大数据、云计算、人工智能、区块链等数智技术与物流业创新融合,极大地推动了物流数智化进程,催生大量新产品、新服务、新业态、新模式,激发了大量新消费,成为促进物流转型升级、推动物流业结构调整、培育高质量发展新动能、创造高品质生活的重要途径。

　　物流数智化是指物流与信息网络技术、数智技术深度融合,以实现物流资源与要素高效配置与升级的过程。数智化推动着物流业效率变革、质量变革、动力变革、体系变革、结构变革和功能变革。物流数智化有若干特点:一是以消费者为中心;二是互联网思维、平台思维(开放、共享、共赢)、创新思维;三是多方面连接(市场主体连接、信息连接、设施连接、供需对接等)、多方位集成;四是跨界融合;五是数据成为核心生产要素,数智技术为物流全链条、供应链赋能,成为物流企业新竞争力的关键来源;六是信息化、数字化、网络化、智能化协同推进;七是基于"互联网+""智能+"与"物流+"的生态相互融合,电子商务、互联网、物联网与物流互动互促发展,促进大规模社会协同。这些特点表明,物流数智化将是物流业发展的一个全新阶段,是一次物流业的革命。

一、中国物流数智化取得明显成效

在市场、技术、政策等多因素作用下，中国物流业信息化、数字化、智能化已经取得阶段性进展。2009 年《物流业调整和振兴规划》对物流信息化做出部署；2011 年《国务院办公厅关于促进物流业健康发展政策措施的意见》提出"加强物流新技术的自主研发，重点支持货物跟踪定位、无线射频识别、物流信息平台、智能交通、物流管理软件、移动物流信息服务等关键技术攻关"。2013 年，《工业和信息化部关于推进物流信息化工作的指导意见》提出"促进信息化与物流的深度融合和创新发展"；2016 年，国家发改委会同有关部门制定了《"互联网 ＋"高效物流实施意见》，目的是"推动大数据、云计算、物联网等先进信息技术与物流活动深度融合，推进'互联网 ＋'高效物流与'大众创业、万众创新'紧密结合，创新物流资源配置方式，大力发展商业新模式、经营新业态，提升物流业信息化、标准化、组织化、智能化水平，实现物流业转型升级，为国民经济提质增效提供有力支撑"。特别是，近些年在国家"互联网 ＋"、"国家大数据战略"、"数字中国"建设、"智能 ＋"等战略指引下，中国数字经济进入快速发展阶段，5G、物联网、大数据、云计算、人工智能等新一代信息技术迅猛发展，数智技术在物流行业深入应用，加速推动物流行业数字化、智能化发展，在许多领域取得重要成效。例如：相关数据显示，2022 年中国智慧物流市场规模近 6 995 亿元，到 2025 年预计突破一万亿元。中国已经有超过几百万辆重载货车安装北斗定位装置，还有大量托盘、集装箱、仓库和货物接入互联网。物流连接呈快速增长趋势，以信息互联、设施互联带动物流互联，"物流在线化"奠定了智慧物流的前提条件。中国智慧物流在信息平台建设，物流智慧化基础设施，物流装备智能化，物流要素数据化，物流与农业、制造业深度融合等方面均取得明显成效。

（一）铁路行业积极推动数智化转型

2020 年，中国国家铁路集团有限公司（以下简称"国铁集团"）出台《新时代交通强国铁路先行规划纲要》，明确提出依托 12306、95306 平台及铁路大数据中心，深化铁路网和互联网双网融合，发展铁路数字经济和网络经济；推动铁路与现代物流融合发展，发展"互联网 +"高效物流，推动铁路货运向综合物流服务商转型。2022 年，国铁集团印发《"十四五"铁路网络安全和信息化规划》，明确以推动铁路业务与数字化深度融合为主线，大力推进铁路网信治理体系和治理能力现代化，服务铁路高质量发展。2023 年 9 月，国铁集团印发《数字铁路规划》，明确以支撑铁路"六个现代化体系"构建为目标，加强数字铁路建设整体布局，即夯实铁路数字基础设施和数据资源体系"两大基础"，推进数字技术与工程建设、运输生产、经营开发、资源管理、综合协同、战略决策六大业务领域深度融合，强化自立自强的铁路数字技术创新体系、安全可信的铁路数字安全屏障"两大能力"，优化数字铁路治理体系、数字领域国际合作"两个环境"，形成数字铁路"2622"的整体框架。

铁路部门积极推广使用信息化、智能化、网络化的新型技术，如 CTCS－3 型列控系统、GPRS 无线通信系统、GPS 卫星定位系统、RFID 射频识别系统、智能货车监测系统、智能机车检测系统等，提高铁路货运的安全性、可靠性、实时性和透明度，降低铁路货运的人为干扰和误差。例如，差分北斗高精度定位系统可实现铁路沿线人员、设备、机车的高精度定位，定位精度误差小于 25 厘米，为自然灾害监测与防灾救灾、机车车辆定位导航与货物物流管理等业务提供精准位置服务。在铁路沿线的变电所内，智能巡检机器人对变电设备进行巡视，24 小时守护铁路供电安全；在铁路线路上，道岔清扫机器人首次上线实验作业，实现自动上下道、自主转线，自动完成道岔滑床板的清洗和喷涂润滑油等工序；在铁路途经的偏远山区，无人机航拍能够实现实时监控、数据实时传输，提高应急处置效率，弥补了山区徒步检查难以到达地段的高精度隐患排查空白⋯⋯

工业和信息化部批复中国国家铁路集团有限公司基于 5G 技术的铁路新一代移动通信系统（5G-R）试验频率，支持其开展 5G-R 系统外场技术试验。这是引领铁路行业实现数字化转型、高质量发展的有力抓手，是"着力铁路数字经济与实体经济深度融合"的有力体现。

人工智能与铁路已经密不可分，AI 在智能铁路的"新"基建中扮演着非常重要的角色,面对铁路客运、货运、机务、工务等铁路运营场景提供跨代的服务能力,成为数字化铁路的典型特征。

(二) 公路货运加速数智化转型

2017 年,交通运输部办公厅印发《关于做好无车承运试点运行监测工作的通知》。2019 年,国务院办公厅转发交通运输部等部门《关于加快道路货运行业转型升级 促进高质量发展意见》明确提出,要"大力发展无车承运人等道路货运新业态","加快制定出台网络平台道路货物运输经营管理办法",规范"互联网＋"物流新业态发展。2019 年,《交通运输部 国家税务总局关于印发〈网络平台道路货物运输经营管理暂行办法〉的通知》发布。2020 年,《网络平台道路货物运输经营管理暂行办法》正式实施。同时,交通运输部《关于促进道路交通自动驾驶技术发展和应用的指导意见》,支持开展自动驾驶载货运输服务。2023 年,交通运输部《推进公路数字化转型 加快智慧公路建设发展的意见》,提出 2027 年公路数字化转型取得明显进展。2035 年,全面实现公路数字化转型。据交通运输部网络货运信息交互系统统计,截至 2022 年底,全国共有 2 537 家网络货运企业(含分公司),整合社会零散运力 594.3 万辆,整合驾驶员 522.4 万人。据行业监测数据显示,数字货运中的网络货运平台,通过高效匹配车货信息、缩短简化交易链条,能够提高车辆利用效率约 50%;司机平均等货时间由 2－3 天缩短至 8—10 小时;司机月收入增加 30%—40%,较传统货运降低交易成本 6%—8%。2022 年,包括网络货运平台和撮合交易平台等在内的中国数字货运整体市场规模约为 7 000 亿元,市场渗透率约 15%。其中,按线上交易总额计算,2022 年中国数字货运平台在线交易总额约为 4 899 亿元,在整车运输市场中的渗透率约占 11%。在货运物流领域,自动驾驶主要瞄准港口、矿山、干线物流等应用场景。越来越多的物流公司、汽车公司与自动驾驶卡车公司开展合作,推动自动驾驶商业化落地。①

---

① 中国物流与采购联合会:《中国数字货运物流发展报告》,2023 年 3 月。

（三）数智化赋能航空物流转型

民航局先后印发《推动新型基础设施建设 促进民航高质量发展的实施意见》以及《中国新一代智慧民航自主创新联合行动计划纲要》《智慧民航建设路线图》等一系列推动智慧民航建设的纲要性文件,这对于加快航空物流数字化智慧化发展,保障产业链供应链稳定,打造安全可靠、高效经济、联通全球的现代航空物流体系有着至关重要的作用,有利于充分发挥民航超大规模市场和海量数据资源优势,推动数字经济高端制造和绿色产业与民航的深度融合,引领带动新一代信息技术、先进制造技术、新能源技术的蓬勃发展,促进国家现代产业体系建设。

中国航空物流数智化已经取得了一些成效。国内大型机场开展了航空电子货运、智慧货站等一系列有益探索。形成了以机场为中心,串联航司、货代、海关、报关企业、卡车公司等航空物流产业链上下游企业的数据链,最大限度地消除了行业长期存在的重复填报、多头申报等重点问题。

随着智慧物流技术发展,一些大型物流企业开始推动无人机物流体系应用,以大幅提升运力水平、降低飞行员需求,有利于形成运营成本低、运输效率高、调度灵活、地面条件适应性强的航空货运物流体系。

（四）航运物流加快数智化转型

近年来,中国加快航运数字化转型,推进智能航运技术应用,不断塑造航运发展新动能、新优势。当前,中国自动化集装箱码头规模居世界首位,内河航道运行监测、梯级船闸联合调度等数字化、智能化转型发展加快,基于区块链的航运服务网络不断拓展,首艘自主航行集装箱船"智飞"号正式交付运营,中国在智能航运发展应用领域走在世界前列。

港口作为水运物流行业的核心枢纽,也是多种运输方式的交汇点,在综合运输体系中发挥着举足轻重的作用。中国水运物流行业的智慧物流体系建设主要围绕港口的智慧化解决方案展开。2018 年,交通运输部发布全国 10

项智慧港口示范工程名单,标志中国智慧港口第一批建设成果初步落地,智慧港口物流体系开始进入多个港口同步试运营和规模化推广应用阶段。2023年,《交通运输部关于加快智慧港口和智慧航道建设的意见》发布,提出到2027年,全国港口和航道基础设施数字化、生产运营管理和对外服务智慧化水平全面提升,建成一批世界一流的智慧港口和智慧航道。国际枢纽海港10万吨级及以上集装箱、散货码头和长江干线、西江航运干线等内河高等级航道基本建成智能感知网。建设和改造一批自动化集装箱码头和干散货码头。全面提升港口主要作业单证电子化率。加快内河电子航道图建设,基本实现跨省(自治区、直辖市)航道通航建筑物联合调度,全面提升内河高等级航道公共信息服务智慧化水平。

智能船舶作为高端装备,是智能航运的重要支撑,对于产业能力提升和航运业的发展有着巨大的推动作用。2019年交通运输部将智能船舶发展应用列入交通强国建设试点工作,相关工作稳步推动并取得积极成效。

（五）仓储行业智能化发展

相比运输、配送等行业,仓储行业交易频次低,但作业环节相对复杂、设施设备多样,在运营管理、库存管理、现场作业方面需要智慧物流系统和装备的支撑。整体上而言,相比其他物流细分行业,目前,中国仓储行业的智慧物流应用更为领先、发展得更快。除传统仓库管理系统的智能化改造之外,仓储行业智慧物流发展的重点偏向于"人机协同"的整体作业系统优化或"无人化"的完整解决方案。

在人力辅助设备方面,较为先进的智慧物流系统包括外骨骼机器人辅助的搬运系统、语音导航或增强现实技术辅助的拣选系统等。在自动化设备方面,目前行业中应用的智慧物流系统主要包括自动导引运输车、无人叉车、自动打包、自动贴标、自动化流水线分拣系统等。

随着智慧仓储物流装备的发展,一些行业领先企业也开始集成各类仓内"人机协同"作业,形成了面向标准化产品的全流程作业系统,实现全自动"无人仓"解决方案。国内一些智能仓库采用了高密度无人存储货架、自动打包机、六轴机械手臂、"货到人"拣选等多种技术装备和集成方案,可实现货物从入库、存储、分拣、打包、包装等全流程、全系统的无人化作业。相比传统仓库,无人仓日存储效率比传统货架高 10 倍以上,机器人拣选速度可达 3 600次/小时,较传统人工高出五六倍。除了核心业务流程之外,仓储行业开始在一些配套业务中逐步引入新兴智慧技术,主要包括无人机仓库巡检、库区(园区)安防系统等。

(六) 数智化助力快递行业加速升级

中国快递企业主要从以下三个方面加码数智赋能和链路协同。

一是全程数智,线上化透明化管控快递。头部快递物流企业持续推进电子面单,以数字化、标准化单据贯穿消费供应链服务全流程。单据数字化的广泛应用,带动了"人、车、道、场、货"互联互通互动,也让快递物流在提效降本中迈入智慧物流的新循环,减少了人工操作,极大地提升了服务时效。

二是全链协同,构建服务链一体化快递。网购快递的提速,不能单靠快递某个环节的极致提升,而要推进从生产到运销多个环节一盘棋。数智化技术和设备应用,能让生产制造与快递物流一体融合,从供应链上保障快速反应。

三是全面智能,逐步实现仓运配智能化。在人力成本高企的背景下,行业企业加速以数字化技术、智能化设备推进快递物流无人化。例如,在快递末端无人配送车、无人货运飞机等领域,大数据已成为物流各环节智能决策的关键支撑。

二、物流数智化面临的问题与挑战

尽管物流数智化取得很大进展,但从物流全链服务看、分地区看、分行业看,数智化又是不平衡、不充分的,存在一些挑战。

（一）物流数智技术与数据管理水平有待提升

在物流数智技术深度与集成方面,尤其是高级数据分析、机器学习算法在复杂场景下的应用,与国际领先水平相比还有提升空间。国际上,一些先进企业已能实现更深层次的数据洞察,优化整个供应链的效率。虽然大数据技术在中国物流行业得到广泛应用,但是物流行业产生的大量数据仍面临着传输速度慢、动态监测水平低、数据的有效性和准确性有待提高等问题,大数据技术在物流行业的应用有限。由于物流追踪具有一定的延迟性,导致物流管理系统无法实现数据的高一致性与高准确性管理,影响物流行业的智能化管理水平。

（二）物流数据共享程度低

物流数据信息的流通共享效率决定了物流供应链各环节的运营效率,物流供应链体系反应的敏捷性和协调性取决于物流供应链体系的智能化程度,但物流行业应用场景相当复杂、涉及领域极为广泛,并且物流行业供应链各企业使用的终端设备差异性较大,企业间数据传输、共享困难,尤其在数据传输过程中无法根据不同场景以业务切片化的方式对数据属性进行调整,无法进行高精度的移动边缘性计算,来提升资源分配调度的合理性。数据共享程度低成为制约物流供应链体系数据共享的主要阻碍之一。国际领先的物流数智化企业往往在构建开放的合作生态方面更为先进,它们通过与不同行业的合作伙伴共享数据、技术和资源,共同推动物流创新。相比之下,中国在打造物流数智化的跨界合作生态、促进数据共享和行业协同方面还有较大的提升空间。

（三）行业数智化人才相对匮乏

目前,物流设备及系统项目管理理念和技术水平更新较快,但行业内数智化人才相对匮乏,特别是具有行业经验和技术能力的高层次复合型人才的匮乏,制约了智能物流企业的发展和提升。

（四）数智化带来结构转换与监管的挑战

物流数智化进程中存在结构转换的挑战。一些尚未拥抱数智化浪潮的传统物流企业的生存空间正受到越来越大的挤压,其发展面临越来越大的挑战。如何在数智化时代构建统一开放、竞争有序的物流市场,是一个现实的课题。数据作为新的生产要素,数据安全、数据垄断、隐私保护将成为新的焦点。物流数智化要求监管部门加快研究电子商务与物流企业的数据高质高效流动的新规则,新业态与新商业模式要求政府监管规则变革,亟待形成开放、包容、共享、公平的营商环境。

三、推动物流数智化的思路

推进物流数智化要坚持"以人为本""战略导向、问题导向、需求导向、效率导向、竞争力导向、安全导向"的原则,加强顶层设计,自上而下与自下而上相结合,立足国情业情,把握数智化时代机遇,聚焦"数字化、智能化、生态化、国际化"主攻方向,遵循从环节、局部到链条、整体,从技术到体系,从硬件到软件,从市场应用到创新生态的路径,"做精、做深、做实、做广",创造更多的用户价值、企业价值、行业价值和公共价值,着力将中国物流业打造成为全球数智物流领跑者。图 9.1 为中国物流数智体系基本框架。

一是推进物流各环节数智化。有序建设数智交通运输、数智仓储、数智邮政、数智快递、数智配送、数智包装、数智装卸搬运、数智流通加工、数智物流操作、数智物流管控、数智物流运作、数智物流装备、数智物流场站、数智监测等建设。鼓励物流企业在人工智能、大数据、云计算、物联网、区块链等核心技术上进行研发并深化应用,开发更精准的算法提高数据处理能力,建设数智物流企业。支持激发物流企业的创新动力,加快数智技术在物流领域的

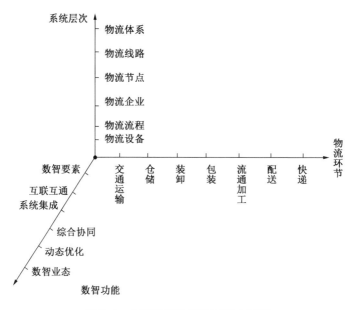

图 9.1 中国数智物流体系基本框架

应用融合,提升物流各环节效率和服务质量。

二是推进物流资源与要素互联互通,打造物流智联网。基于互联网、移动互联网、物联网、大数据、云计算、边缘计算、数字孪生、云平台等技术,稳步推进各类物流资源与要素、物流市场主体互联互通,逐步打造大规模社会协同的物流智联网,如图 9.2 所示。

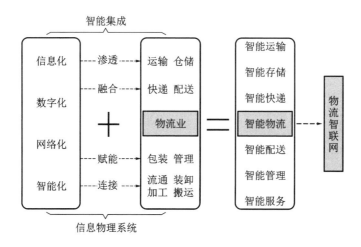

图 9.2 智能物流与物流智联网

　　三是打造物流智慧大脑。基于物流大数据、云计算、人工智能等应用,构建物流行业大模型,实现数据驱动的决策支持和创新解决方案,打造中国"物流智慧大脑",以打破信息孤岛,促进信息流通和协同工作。政府和行业需共同努力,通过政策引导和技术支持鼓励数据共享,同时确保数据安全和隐私保护。在建立数据共享平台方面,应着重于构建一个跨行业、跨部门的数据共享和协作机制。通过政策引导和技术支持,鼓励各物流企业、电商平台、供应链管理机构等参与到"物流智慧大脑"建设。这种跨行业的数据共享平台不仅能够加快物流信息的流转,还能够通过数据分析支持决策制定,优化物流和供应链管理。

　　四是创新物流数智化商业模式。在建设数智化物流基础设施的同时,发展物流生态等新型数智化商业模式。通过政策引导和平台搭建,促进物流企业与电商、制造业、科技公司等合作。这种跨界合作不仅可以共享数据和资源,还可以促进技术和创新的交流,加快物流数智化解决方案的创新和应用。通过政策引导和平台建设促进跨行业合作,共同推动物流数智化生态建设,提升整体物流服务效率和质量。

　　五是形成有利于物流数智化的监管环境。完善物流数智化法律法规体系。建立健全物流数智化标准体系与安全体系。构建适应物流业与数智技术深度融合发展的监管制度、监管方式和监管体系。新技术、新产品、新服务、新产业、新业态、新商业模式的出现,使得产业边界模糊,交易行为更多由线下搬到线上,需增强运用现代信息网络技术监管的能力。加强对物流数据流动安全的监管,保障物流数据安全和业务稳定运行。在国际数据互联互通趋势下,打造数据合规跨境流动的良好示范。加强数智物流标准制定,加快形成数智物流应用评测标准,积极参与全球数智物流标准制定,推进中国数智物流标准国际化。

第 10 章
推动物流绿色化发展

　　建设美丽中国,实现人与自然谐共生,树立尊重自然、顺应自然、保护自然的意识,坚持绿色、低碳、循环发展之路,是人民对美好生活向住的内在要求。物流活动提供了巨大的经济社会效益,然而其范围的扩展也给环境资源和可持续发展带来了相当大的挑战,加快推动物流绿色低碳循环发展,是美丽中国建设和落实联合国 2030 可持续发展议程的一项重大战略任务。

一、物流与可持续发展

(一) 物流活动对资源环境的压力

　　物流涉及原材料、中间产品和产成品从供应地向消费地的实体流动的全过程,在这个流动过程中,包括运输、仓储、装卸搬运、包装、流通加工、信息等环节。无论是生产、流通还是消费,物流始终贯穿其中,涉及从原材料的获取到中间生产到最终使用消费、直至废弃物的产生和回收的整个生命周期。其中不少环节对资源与环境产生不小影响。

　　运输环节,海、陆、空机动设备的排放。机动车燃料燃烧是三大空气污染物的主要来源,即一氧化碳、碳氢化合物(多以颗粒物形式存在)和氮氧化物,同时也是其他有害排放物的重要来源,包括铅、重金属和二氧化碳。

包装环节,对环境和资源的影响主要表现在两个方面。一方面是过多使用不可降解材料,它们长期留在自然界中,会对自然环境造成严重影响。例如,目前市场上流行的塑料袋、玻璃瓶、易拉罐等包装品种,使用后会给自然界留下长久的污染物。另一方面是大量使用一次性包装,不仅消耗了有限的自然资源,废弃的包装材料还是城市垃圾的重要组成部分,处理这些废弃物要花费大量人力、财力。

储存环节,对环境的影响主要有两个方面。一是对商品进行养护的时候,一些化学方法,如喷洒杀虫剂,对周边生态环境会造成污染。另一方面,一些商品,如易燃、易爆、化学危险品,由于保管不当,货物腐败变质、爆炸或泄漏也会对周边环境造成污染和破坏。例如,废弃的机油、柴油经常渗入土壤和水体中,造成环境污染。

装卸环节,对环境产生的影响有:装卸不当或者野蛮操作,商品实体的损坏,造成资源浪费和废弃,废弃物还有可能对环境造成污染,如化学液体商品的破漏,造成水体污染、土壤污染等。

流通加工环节,会对环境造成负面影响,包括:由消费者分散进行的流通加工,资源利用率低下,浪费能源。分散流通加工产生的边角废料,难以集中和有效再利用,造成废弃物污染。流通加工中心选址不合理,也会造成费用增加和有效资源的浪费,还会因增加了运输量而产生新的污染。流通加工过于简单或对生产或消费作用都不大,甚至有时盲目流通加工,不仅未能解决品种、规格、质量、包装等问题,相反却增加了环节,造成资源的浪费。流通加工方式选择的不当,也会造成资源浪费。

(二) 不合理物流行为带来效率损失

不合理运输主要表现在以下几个方面:①空驶。空车无货载行驶,是一种十分不合理的运输方式,严重浪费了宝贵的运输资源。②对流运输,指同一种货物在同一线路上或平行线路上做相对方向的运送,而与对方运程的全部或一部分发生重叠交错的运输。③迂回运输。舍近取远的运输路线选择。

④重复运输。本来可以直接将货物运到目的地，但是未达目的地就将货卸下，再重复装运送达目的地，这是重复运输的一种形式；或同品种货物在同一地点一面运进，同时又运出。⑤倒流运输。是指货物从销地或中转地向产地或起运地回流的一种运输现象。⑥过远运输。是指调运物资舍近求远。⑦运力选择不当。不正确地利用运输工具。⑧托运方式选择不当。对于货主而言，可以选择最好托运方式而未选择，造成运力浪费及费用支出加大。应选择整车而未选择，反而采取零担托运。应当直达而选择了中转运输，应当中转运输而选择了直达运输等。⑨超限运输。超过规定的长度、宽度、高度和重量，容易引起货损、车辆损坏和公路路面及公路设施的损坏，还会造成严重的安全事故。

不合理储存主要表现在以下几个方面：①储存地点选择不当。这将使得物流总成本大大增加。②储存时间过长。绝大多数物质经过长时期的储存都会在质量和效益方面有所降低。③储存数量过大。超出一定数量的储存数量将会造成产品的积压。④储存数量过低。这会严重降低储存对供应、生产、消费的保证能力，从而带来巨大的损失。还导致不能最大限度地利用有效的储存面积和空间。⑤储存条件不足。按照物资的性质和储存条件的要求，不能合理安排储存场所、采取科学的保管方法，以使其在保管期间内质量完好、数量准确。⑥储存条件过剩。储存条件大大超过需要，使被储物过高负担储存成本，使被储物的实际劳动投入大大高于社会平均必要劳动量，从而出现亏损。⑦慢进。物资运抵到港口、车站或企业仓库时，不能以较快的速度完成物资的接运、验收和入库作业活动。⑧慢出。物资出库时，不能及时和高效率地完成备料、复核、出库和交货清理作业活动。⑨费用高。物资吞吐运行过程中各业务作业环节不能有效衔接，消耗大量人力、物力和财力，不能以较低的仓储成本取得良好的经济效果。

不合理装卸造成装卸成本浪费，装卸质量受损可能性增大，使物流速度降低等。不合理装卸主要表现为：①过多的装卸次数。一次装卸的费用相当于几十千米的运输费用，因此，每增加一次装卸，费用就会有大幅度的增加。同时，装卸会大大降低物流的速度。②过大的包装装卸。包装过大过重，在装卸时实际上是反复在包装上消耗不必要的劳动。③无效物资的装卸。进入物流过程的货物,有时混杂着没有使用价值或对用户来说使用价值不对路的各种掺杂物,如煤炭中的矸石,矿石中的水分,石灰中的未烧熟石灰及过烧石灰等。在多次装卸中,实际是对无效物资反复消耗劳动。

不合理包装主要表现为过度包装和包装不足。过度包装将会消耗过多的自然资源,加剧了自然资源匮乏的矛盾。例如,大量的精美纸制品包装,会消耗掉大量的木材,造成森林资源减少,热带雨林被毁坏,地表绿色面积减少,生态平衡破坏等后果。包装不足将会损害产品的质量,从而带来经济损失。

不合理流通加工主要表现为以下几种形式:①流通加工地点设置不合理。例如,为了满足多样性需求,流通加工地应设在需求地区,如果把流通加工地设在生产地区将会增加大量的运输、装卸、包装、存储等环节。②流通加工未能与生产加工合理分工。本来应由生产加工完成的,却由流通加工完成;本来由流通加工完成的,却错误地由生产加工去完成,这都会造成费用的增加。③流通加工所起的作用不大,形成多余环节。④流通加工成本过高,效益不好。

物流安全问题主要表现为物流过程中发生的事故和灾害会造成突发性的严重损害,包括人身伤亡、设备损失、商品损失以及环境的破坏。近些年,超载运输造成道路、桥梁、隧道的损坏及使用寿命缩短,带来了严重的安全隐患。有些大型卡车的超速行驶,给道路安全带来严重威胁,交通事故时有发生。

二、中国物流绿色化进展及其挑战[①]

(一) 主要进展

物流绿色化离不开政府的大力推动,离不开企业的具体实践。

---

① 本部分与董艳华共同完成。

首先是政府层面。

1. 推广新能源装备

纵览物流运作的各个环节，货物运输途中的燃油消耗和尾气排放，是物流活动造成环境污染的主要原因之一。因此，运载工具绿色化是物流绿色化最重要的领域之一，尤其是新能源车辆的推广应用备受瞩目。在"双碳"背景下，国务院《新能源汽车产业发展规划（2021—2035 年）》中提出："2021 年起，国家生态文明试验区、大气污染防治重点区域的公共领域新增或更新公交、出租、物流配送等车辆中新能源汽车比例不低于 80%。"《绿色交通"十四五"发展规划》提出："推进新增和更换港口作业机械、港内车辆和拖轮、货运场站作业车辆等优先使用新能源和清洁能源。""深入推进内河 LNG 动力船舶推广应用，支持沿海及远洋 LNG 动力船舶发展，指导落实长江干线、西江航运干线、京杭运河 LNG 加注码头布局方案，推动加快内河船舶 LNG 加注站建设，推动沿海船舶 LNG 加注设施建设。"根据中国汽车工业协会发布的数据，2022 年，中国新能源物流车累计销量达 23.58 万辆，同比增长 90.4%。

2. 优化调整运输结构

据有关机构统计，中国铁路、水运和公路单位周转量运价（普货）比约为 1∶0.13∶2.6，能耗比约为 1∶0.7∶5.2，碳排放比约为 1∶1.3∶10.9，通过多式联运将更多中长距离公路货运转向铁路和水运能产生非常可观的经济和社会效益。根据《物流业发展中长期规划（2014—2020 年）》中提出的大力发展多式联运的部署，2015 年 7 月，交通运输部、国家发展改革委联合发出《关于开展多式联运示范工程的通知》，正式启动了国家多式联运示范工程，并在推进多式联运示范工程过程中，陆续出台了一系列鼓励发展多式联运的政策文件。2016 年，多式联运示范工程首批启动了 16 个项目，2017 年、2018 年又分别通过评审启动了 30 个和 24 个多式联运示范工程项目。深入推进大宗货物及中长距离货物运输"公转铁""公转水"，加快集疏港铁路和铁路专用线建设，2020 年重点地区沿海主要港口矿石疏港采用铁路、水运和皮带运输的比例比 2017 年提高约 20%，2017—2020 年全国港口集装箱铁水联运量年均增长 25.8%,先后组织实施三批共 70 个多式联运示范工程。

3. 促进甩挂运输发展

与传统运输方式相比,甩挂运输具有一些明显优势:一是减少装卸等待时间,加速牵引车周转,提高运输效率和劳动生产率;二是减少车辆空驶和无效运输,降低能耗和废气排放;三是节省货物仓储设施,方便货主,减少物流成本;四是便于组织水路滚装运输、铁路驼背运输等多式联运,促进综合运输的发展。针对甩挂运输发展滞后、牵引车和挂车数量少、拖挂比低、道路货物运输仍然以普通单体货车为主的现状,为推动现代物流和综合运输发展、促进节能减排与降本增效、提升经济运行整体质量,交通运输部等 5 部门于2009 年年底联合印发了《关于促进甩挂运输发展的通知》,对完善政策和管理制度、完善枢纽站场设施等软硬件发展环境进行了部署,并宣布选择有条件的地区和企业,组织开展甩挂运输试点,探索和总结经验,发挥示范引导作用。从 2011 年开始,交通运输部陆续组织实施了多批次的甩挂运输试点项目,取得了良好的实践效果。

4. 实施城市绿色货运配送示范工程

推进城市绿色货运配送发展是推进运输结构调整、打赢蓝天保卫战的重要内容,是落实国家新型城镇化战略、缓解交通拥堵和促进城市可持续健康发展的客观要求,是促进物流业降本增效、破解城市配送"三难"问题、更好地保障和改善民生的重要途径。交通运输部、公安部和商务部联合行文,从2018 年开始组织实施城市绿色货运配送示范工程,以城市为组织主体,坚持"客货并举、便民高效、综合施策"原则,力争在示范城市建成"集约、高效、绿色、智能"的城市货运配送服务体系,为促进城市可持续发展提供有力支撑。

5. 物流包装标准化、减量化和可循环

近年,中国快递业保持快速发展,规模量连续多年稳居世界第一,不仅成为推动流通方式转型、促进消费升级的先导性产业,而且在稳增长、调结构和惠民生等方面发挥了重要作用。快递包装使用量随之剧增,由此带来的资源

消耗和环境污染问题受到社会各界的高度关注。国家邮政局将"绿色邮政"纳入"五个邮政"建设和邮政业发展规划体系，并专门成立了邮政业生态环保工作领导小组，联合其他有关部门，强化统筹协调和工作推进，采取系列措施推动快递业绿色高质量发展。持续完善绿色包装相关法律政策体系和标准建设。国家邮政局坚持创新引领推动行业绿色发展，推进多项绿色包装相关试点，包括快递绿色包装应用试点、可循环中转袋（箱）应用试点、行业绿色采购试点、绿色快递建设综合试点和行业生态环境保护城市综合试点，并参与"无废城市"建设试点等，同时实施专项工程促进快递物流企业参与绿色物流实践。

6. 推动绿色供应链管理试点示范

绿色供应链管理是现代物流管理发展的必然趋势。2014 年 12 月，商务部、环境保护部及工业和信息化部联合发布《企业绿色采购指南》，对"绿色供应链"进行了定义，并提出引导企业积极构建绿色供应链、实施绿色采购。绿色供应链是绿色制造理论与供应链管理技术相结合的产物，是将环境保护和资源节约的理念贯穿于企业从产品设计到原材料采购、生产、运输、储存、销售、使用和报废处理的全过程，是企业的经济活动与环境保护相协调的上下游供应关系。

绿色供应链构建工作得到重视，并纳入国家供给侧结构性改革等重要战略部署。党的十九大报告明确指出在深化供给侧结构性改革中，要在绿色低碳和现代供应链等领域培育新增长点、形成新动能；在推进绿色发展中要加快建立绿色生产和消费的法律制度和政策导向；在着力解决突出环境问题中要构建政府为主导、企业为主体、社会组织和公众共同参与的环境治理体系。有关部门陆续出台了一系列鼓励支持绿色供应链管理试点、示范的文件，主要包括生态环境部推行的绿色供应链管理试点、工业和信息化部开展的绿色供应链管理示范以及商务部、生态环境部等 8 部门联合开展的供应链创新与应用试点。

其次是企业层面。

1. 应用新技术

发展绿色物流需要新技术、新模式、新产品的运用,以实现整个物流流程低碳化、绿色化,最终达到绿色生态目标。物流作业包括多个环节,因此在整个物流作业环节有诸多可创新的点。例如,针对货运运输环节,除大面积应用新能源物流车外,物流货运公司还通过各种全新信息技术、智能化调度平台等优化运输路径,提高送货效率,减少排放,全面实践绿色发展理念。在物流仓储作业环节,越来越多的智能化产品和技术被应用。在物流作业包装环节,多家快递物流企业推出可持续的包装解决方案,用可回收包装产品替代传统纸盒或塑料袋。

2. 采纳 ESG 披露制度

企业作为商业的主体,其整个经营活动的主要驱动力就是追逐利益。必须有恰当的制度安排或商业模式使得企业在绿色生态系统体系建设时有利可得,以此才能实现持续发展。随着 ESG(环境、社会、治理)披露制度愈发完善和规范,正成为引领企业绿色生态建设的有力工具。据中国上市公司协会数据显示,超过 1 700 家上市公司单独编制并发布 2022 年 ESG 相关报告,占比 34%。较 2021 年的 1 112 家 ESG 披露企业,净增近 600 家。在物流细分市场,除央企已被强制要求进行 ESG 披露外,多家大型物流企业也开始进行ESG 信息披露。物流企业大力投资建设绿色生态体系,有利于物流业结构重组、优化、革新。

(二) 物流绿色化面临的挑战

1. 外部性导致绿色物流发展目标难以实现

绿色物流带来的收益可以分为两部分,一部分是个体收益,一部分是社会收益。企业追求低成本、高收益,如果不能将绿色发展的社会收益内部化,就会导致企业发展绿色物流的动机不足,使本来好的政策在实施过程中扭曲变形,不能实现原来的目标。如新能源物流车主要以电和新能源为动力,成本自然是优于传统的燃油为动力的货车,但行业中不少车辆只是在燃油车的基础上稍加改造,将变速箱、发电机等拆除,换上蓄电池和电动机,更有甚者,有的商家会直接购买其他品牌的车壳和底盘进行改头换面后车子就上路。这存在很大安全隐患。

2. 配套不足导致绿色物流政策难以实施

虽然国家对绿色物流的扶持政策显而易见,但具体落到实处有待时日,许多配套措施跟不上,导致政策实施效果受到限制。例如新能源物流车对环境对企业长远来看都是利大于弊,但"充电"和"停车"仍是推广的两大核心难点。无论在偏远的农村,还是在大城市,公共充电站供小于求。同时,很多货运物流是走专线配送,如果中间没有充电站,这对物流车来说风险极大,一旦中途没电,只能借助其他方式完成运输。另外,就是停车问题。很多新能源物流车很难找到停车位,又或者说是找到了停车位,但是附近没有充电站,自建充电站,一方面成本高,另一方面安全性也无法得到保障。新能源物流车数量正在逐年递增,但相应的路权限制依然存在,尤其是在一些大城市,对电动物流车进城仍有严格管制,这也降低了物流行业应用新能源物流车的积极性。

3. 绿色物流技术设备成本高导致推广困难

在推进绿色物流技术创新的过程中,很多绿色物流的技术设备往往一次性采购成本较高,企业不愿意采购。这是一个非常现实的问题,这一问题也是因为企业存在着认识的误区。实际上,很多先进节能的物流技术装备虽然一次性采购成本较高,但是企业在使用这些技术装备的过程中,能够为企业降低能耗,提升作业效率,减少维修次数,大大降低企业运营成本,从全寿命周期角度分析,把采购成本与使用成本综合考虑,就具有了成本优势。同时,通过开展试点示范工作,对先进的试点示范企业给予适当的财政资金支持,是启动市场机制,激发市场活力,推进绿色物流工作的重要手段。

4. 绿色物流政策支持措施仍需加强

绿色物流是一个系统工程,要推进绿色物流的发展,仅仅依靠市场的力量远远不够。推进绿色物流取得的社会效益往往跟企业关系不大,但需要企业采购更好的设备,增加项目资金投入,开展技术创新与管理创新,这些都会给企业带来短期的成本上升,影响企业的积极性。

一些先进的节能降耗技术,如太阳能光伏发电,虽然具有很大社会效益,但投资成本较高,回收周期长,如果没有国家补贴,难以有良好的投资回报收益,这也是仅仅靠市场的力量难以解决的问题。

多式联运涉及多种不同的运输方式和各个环节的协调,但目前在标准化和协调机制方面仍然存在不足。不同运输方式之间的信息共享、运输文件的标准化、运输环节的衔接等问题尚未得到完全解决,导致运输效率不高和成本增加。由于多式联运涉及多个部门和不同的运输方式,缺乏统一的监管和管理机制,导致管理和监管上存在一定的空白。

三、推动绿色物流发展的思路

绿色物流是以社会总成本最低为出发点的一种物流行为。从环境保护与可持续发展的角度,寻求环境与经济协调发展;通过物流组织方式创新与技术进步,减少或消除物流对环境的负面影响,抑制和减少对环境的污染;追求物流与资源的协调、和谐。绿色物流不仅注重物流过程对环境的影响,而且强调对资源的节约,以最小的代价或最少的资源维持物流的需求;物流与未来发展的协调、和谐(适应未来的发展);物流与社会的协调、和谐(安全和以人为本)。

推动物流绿色化进程,应加强绿色物流发展的顶层设计与战略规划,构建绿色物流体系,统筹部署、分类施策、分步推进,形成部门间、地区间协同。构建绿色物流体系,不仅要考虑单个企业的物流系统,还必须与整个供应链协同,从供应链的视角来组织物流,建立包括统筹正向物流和逆向物流,统筹原材料供应商、生产商、批发商、零售商和消费者在内的循环物流系统。

在全社会强化绿色理念，推广绿色采购、绿色运输、绿色快递、绿色配送、绿色仓储、绿色装卸搬运和绿色包装管理，发展逆向物流。完善物流行业标准评价体系、物流业绿色低碳循环发展的政策体系、绿色物流法律法规体系、绿色物流教育培训体系。通过适当的财税、金融、科技、行业监管政策激励，支持绿色物流领导的技术创新、商业模式创新。做好绿色物流应用示范。

大力优化运输结构，发展绿色运输。加强铁路和水运建设，提升铁路和水运长距离大宗货物输送能力，降低公路长距离大宗货物输送比重。大力发展甩挂运输，推广使用节能和新能源汽车，加快使用低油耗飞机，促进社会低碳交通选择；提高交通运输装备燃料效率，加强交通运输碳排放管理；鼓励制造、流通、物流企业联合开展共同配送，提高车辆满载率和资源利用率，减少重复运输；推广多式联运，提高运输的组织化程度，减少迂回运输。

大力发展绿色仓储。优化仓库布局，推广节能型绿色仓库、零碳仓储技术、采用先进的保质保鲜技术，降低各类仓储损耗。

大力发展绿色包装。本着"少耗材、可再用、可回收和可循环"的原则，鼓励企业简化包装，节约包装材料，减轻资源消耗。引导包装重复使用和回收利用，实行环境标志制度，使用"绿色标志""再生标志"。利用托盘、集装箱、周转箱等包装方式，推动包装的重复使用、再生使用。开发可分解、降解的包装材料，降低环境污染。

大力发展绿色流通加工。推动专业化集中加工，以规模作业方式提高资源利用效率，减少环境污染。集中处理消费品加工中产生的边角废料，以减少分散加工所造成的废弃物的污染。

大力发展废弃物物流和回收物流。加快建立一批回收物流中心，集中管理回收物品的运输、仓储、检测、维修、配送等，实现资源循环利用。加大废弃物处理设施的投资力度，建立工业和生活废料处理物流系统，实现废弃物的科学收集、分类、加工、包装、搬运、储存，并分送到专门处理场所，实现无害化处理。

第 11 章
推动物流平台高质量发展

一、物流平台的内涵与主要特征

物流平台是一种为物流供需及相关主体提供连接、交互、匹配与价值创造的媒介组织①。物流平台是物流业与信息化深度融合的产物,是基于信息网络技术的新型物流资源配置与物流服务提供方式。

物流平台除具有一般平台(如电子商务平台、社交媒体平台等)的特征外,还有其独特的特征:

一是以双边多边用户为中心,通过连接与整合双边与多边资源,为物流供需双方及相关主体创造价值。

二是物流平台具有很强的网络效应,既包括直接网络效应,也包括间接网络效应与交叉网络效应。

三是物流平台需要线下物流运作支持。这一点与各种社交平台、音乐视频平台、软件操作平台有很大不同。

四是数智化能力是物流平台的关键要素。数据是新的生产要素,大数据

---

① 这里的物流平台主要指数字化物流平台。物流供方指各类物流企业、物流设施、物流装备、物流从业人员、物流信息等,物流需方指各类生产企业、商贸企业、货主、居民消费者等,物流相关主体指金融机构、政府部门、行业协会、海关等。

挖掘为物流平台、物流全链条、供应链赋能，成为物流平台与物流企业新竞争力的关键来源；线上云服务在物流平台运作中起着中枢的作用。

五是物流平台与双边多边用户之间是一种相对松散的关系。

二、物流平台的发展现状

（一）物流平台呈多样化发展态势

中国物流业已进入快速发展阶段，物流服务的产品和模式日趋普惠化、大众化、多样化、个性化、精细化，物流业对国民经济社会发展的战略性、基础性、先导性与引领性作用日益明显。物流业不仅拥有数量众多传统意义上的运输、仓储、邮政等企业，也涌现了快递、配送等新兴业态，以及物流园区等实体物流平台。尤其近十年来，基于信息网络技术的数字化物流平台兴起，它们利用互联网思维、平台思维、数字化连接不同细分物流市场，集聚、整合不同类型的物流资源，为降低交易成本、物流成本以及推进产业链协同、供需匹配提供了全新的途径。

物流平台种类丰富。按服务环节或功能分，有交通运输平台、配送平台、快递平台、仓储平台、物流交易平台、物流综合管理与服务平台、物流信息平台等。按服务行业分，有电子商务物流平台、工业物流平台、农业物流平台以及各种细分行业物流平台等。按服务空间范围分，有全球性物流平台、全国性物流平台、区域物流平台、城市间物流平台、城市内物流平台以及农村物流平台等。

（二）少数物流平台的服务水平走在了世界前列

随着电子商务的快速发展，以服务于电子商务为主的物流平台不断创新技术、模式，增强平台功能，一方面通过电子面单、多级地址库、大数据、云计算、智能算法、云平台、大数据分单路由、物流预警雷达、智能调度等技术,赋能物流市场主体;另一方面以资本为纽带大规模整合物流资源,形成了集快递、配送、城际货运、同城货运、农村电商物流、国际物流的大协同效应,推动了物流服务高效化、精准化、可视化、共享化,物流运营与服务的个性化、差异化、标准化、共享化水平大大提升,发货速度显著提升,大数据智能分单、分仓,库存前置、末端配送、及时送达、定时送达、限时送达等服务越来越普及,差错率越来越小,消费者体验不断得到提升。中国快递、配送、电子商务物流服务效率某种程度上已经走在了世界的前列。

(三)物流平台发展总体仍处于初步发展期

尽管物流平台近些年呈快速发展态势,但相对于中国庞大的物流市场规模以及众多的物流市场主体而言,物流平台的数量以及所占市场份额仍只是很小的一部分,其整合的资源也多局限于快递、配送、零担货运、仓库等,像铁路、航空、海运等重要领域的物流平台发展还较为滞后。国际物流服务平台以及服务于工业企业的物流平台还处于起步阶段。

三、物流平台兴起的原因

(一)巨大的物流资源与诸多行业痛点为物流平台发展提供了驱动力

中国是全球物流资源大国,有着全球最大最具活力的物流市场。但是,物流资源分散分割严重,物流组织化程度低,物流成本高。交通运输、仓储、配送、快递、信息等物流资源缺乏互联互通,一体化服务能力弱,供需双方信息不对称等问题突出。例如,中国 85% 以上的大型货车是个体经营,近 700 万辆大、中型货车空载率高达约 40%,大量时间浪费在等货、配货上。据统计,每往返 500 千米的空跑损耗，就会造成约 2 550 元损失。解决物流痛点成为物流平台兴起的重要动力，而巨大的物流资源为物流平台创造了整合的前提。

（二）不断变化的市场需求拉动了物流平台发展

随着全方位的消费升级，物流需求日益呈现小批量、个性化、多批次、范围广、总量大等特点，物流及时性要求明显提高。面对不同规模、业态和地域的需求以及快速变化的商业模式，传统物流从量和质两个方面均难以满足。特别是面对网络零售爆发式增长带来的巨大市场机会，物流平台因其具有更强的连接供需能力、信息对接能力、资源整合能力等，具有更能适应需求变化的服务能力。

（三）数智技术为物流平台发展提供了技术支撑

数字经济时代的到来，使得"互联网＋"、"智能＋"、数据驱动等成为催生平台这种新业态的重要力量。物流是创造时间与空间价值的活动，而数智化技术能突破空间与时间的局限，形成强大网络外部效应。当物流与数智技术有效协同时，就催生出真正意义上服务双边、多边市场的物流平台。随着数据成为新生产要素，数据连接、分析、挖掘、流动以及互联互通、开放动态的数字化环境，使得电子商务、物流、货主、商家、消费者等紧密联系在一起，降低了交易成本，提高了供应链效率和用户服务体验，从而增强了物流平台的生命力。

四、物流平台发展中的问题与挑战

（一）物流平台自身发展需要解决的问题

一是商业模式问题。采用何种商业模式是物流平台运营面临的首要问题。物流平台创建之初,首先要考虑平台的核心价值、市场定位、服务对象、服务内容、运作模式、盈利模式等重要问题。许多物流平台的商业模式不清晰,定位不准、功能单一、缺乏价值创造,缺乏长远战略,对如何运营缺乏深刻认识。

二是定价问题。定价是关乎平台能否集聚足够双边、多边用户以及双边、多边交易量从而突破临界点以及平台盈利的关键问题。国内物流市场竞争激烈,不同物流平台之间存在着激烈的竞争。许多物流平台以低价或补贴的方式吸引供需与相关市场主体集聚,虽然取得了一定效果,但也带来了巨大的盈利压力,不可持续性增加。

三是质量问题。质量问题是物流平台从初始发展阶段进入成熟阶段的关键。物流平台要在竞争中保持优势,就要保证服务质量,让用户体验良好。质量高将会促进平台企业走向成功,质量低会使平台企业走向失败。实践中,物流平台整合的各类市场主体与物流资源质量参差不齐,如果物流平台缺乏标准、规范、激励约束机制以及管理手段、管理能力,往往会因为质量问题带来自身经营上的风险。

(二) 物流平台对相关市场主体的影响

物流平台很大程度上是对传统物流运作方式的颠覆。某种意义上,物流平台阻隔了物流企业与物流需求方(如商家、货主等)过去那种面对面的双向选择。物流企业传统的运作模式、服务方式面临很大的竞争压力。

物流平台积累着大量的用户数据,这些数据既是企业运营和盈利的基础,也关系到用户个人切身利益,还关系到社会和谐稳定。当前,物流平台数据价值链在采集、连接、传输、使用、管理等方面存在着许多薄弱环节,风险防控缺失,信息安全与隐私保护不力。诚信缺失,数据传输安全,数据管理薄弱等给行业发展带来巨大潜在风险。一些数据不规范流动的突发性重大事件,影响面大,波及面广,严重影响到行业发展、行业声誉和消费者权益。

物流平台的垄断问题逐步显现。国内大型物流平台不断整合产业链上下游,形成较强的用户黏性,伴随着行业影响力与供应链控制力的增强,物流平台的市场势力不断扩展，物流平台上的许多企业不得不接受平台制定的规则。特别是，大型物流平台拥有大数据采集与分析优势，这种优势将完全有可能转变成数据垄断优势。一旦大型物流平台对相关市场主体形成数据垄断力量，就会产生实质上的不公平竞争和限制性行为。

（三）物流平台对政府监管提出挑战

大型物流平台因其强大的连接力、渗透力和整合力，业务范围越来越广泛，业务边界越来越模糊。但目前物流管理体制部门各自为政，地区分割限制，管理部门涉及发改、商务、交通、铁路、民航、邮政、农村、工信、网信、市场监管等诸多部门。传统管理体制、监管规则、监管模式已经难以适应跨界融合、新业态不断涌现、新模式不断变化的需求。中国尚未形成大物流管理体制，政府管理体制改革的难度不小，监管规则的完善也需要较长时间。特别是海量消费者数据在平台企业沉淀，数据的流动规则与用户数据隐私保护、物流平台的垄断行为如何规范等亟待出台相关文件。监管空白与监管漏洞并存，埋下不少安全隐患。

五、促进物流平台高质量发展的建议

（一）对物流平台发展的建议

一是以需求为导向，以市场为核心。物流平台发展要以解决行业痛点、把握市场趋势、为用户创造价值、让用户有良好体验为中心，设计好物流平台的使命、市场定位、功能模块、服务内容、运作流程、盈利模式、经营规则，明确物流平台的核心价值及其创造方式。物流行业痛点很多，一个物流平台不可能解决所有问题，必须聚焦某个或某类痛点。痛点也是分阶段的，不同发展阶段痛点不同，相应地要形成不同的解决方案。另外，市场不断细分、需求持续升级,平台服务要努力实现供需的有效匹配。

二是深度专业化,提高差异化服务能力。差异化战略是提升企业竞争优势的有力手段。差异化的产品或服务不仅能够满足某些消费群体的特殊需要,也将降低客户对价格的敏感性,客户愿意为其产品支付溢价,使企业避开价格竞争。针对目前物流平台同质化现象较为严重,平台应明确市场定位,专注细分市场,根据自身优势提供差异化的服务以满足用户的需求。

三是积极拓展"互联网+""智能+"。为了增强物流平台的连接能力、感知能力、响应能力与运作能力,要积极拓展"互联网+""智能+",深度应用互联网、移动互联网、物联网、大数据、云计算、人工智能、区块链等技术,为物流供需、物流各功能环节、供应链全链赋能,打造智慧物流与供应链管理平台。

四是持续创新商业模式。国内物流平台类型多样,各有侧重。一些成功的物流平台符合自身的战略定位与现有资源状况,并优化了用户体验,抓住了用户"痛点"。但是,如果物流平台一味模仿其他平台的商业模式,那它永远只能成为追随者,难以树立自身的特色。所以,物流平台在重点功能上需要持续创新。例如,一些外贸物流平台提供快速通关、物流金融、供应链管理等功能,大大提高了自身竞争力。

五是打造开放、共享、共生的生态体系。物流平台应着力推动线上线下资源的有机结合,把生产商、流通商、服务商、货主、代理、车辆、司机等各个环节逐步整合到平台。可以通过对物流链与供应链各环节数据的深度挖掘与分析,最大化地为各类主体创造价值,构建共利、共赢、共享的生态体系。

(二)对政府促进与规范物流平台发展的建议

一是政府主管部门应重视物流平台发展。物流平台是全新的业态,发展前景广阔,其经济社会发展意义重大。政府主管部门应重视物流平台发展与演变的趋势,结合打造物流强国、交通强国、制造强国、网络强国、科技强国、贸易强国等战略,研究制定物流平台的发展战略与规划,明确其发展定位、目标、原则、主要任务与保障措施。

二是为物流平台发展创造良好营商环境。物流平台来源主体多样,市场主体多元,市场不断细分。虽然物流平台对传统物流模式带来冲击,对传统监管带来挑战,但政府主管部门不应该限制其发展,而应秉持"开放、包容、审慎"的态度,按照"法无禁止即可为",允许各种物流平台先行先试,明确其具有合法地位,为其市场准入创造宽松环境。

三是完善物流平台监管规则,创新监管模式。物流平台所具有的不断演化、创新、跨界等特点,要求政府管理体制、监管规则与监管模式变革,形成更加综合、互联互通、运作高效的大监管体制。

针对物流平台服务及数据流动的不规范甚至利用市场势力进行不正当竞争、限制竞争的行为,有关部门要抓紧研究出台物流平台的行为规范细则。加快建立完善的数据流动规则,明确各类企业的责任义务,以保护行业安全和消费者信息安全,规范市场秩序。

为提高监管效率,有关部门可运用互联网技术与信息化手段来改进监管工作。根据监管需要,向物流平台了解运营、服务、数据收集与使用情况。物流平台要根据监管部门的要求,定期向监管部门报备数据收集和利用的情况。鼓励用户发挥社会监督作用,形成多方参与的社会共治体系和各类市场主体协同发展的良好局面。

四是引导物流平台加强行业自律。有关部门要引导物流平台加强自身管理与行为规范。充分发挥行业组织在协调企业利益冲突方面的作用,健全行业自律机制。建立物流行业的承诺制度,加强行业诚信体系、社会责任体系建设。引导物流平台切实增强守法合规意识,强化服务社会经济发展和保障用户权益的社会责任感。

第12章
协调推进多式联运发展

　　多式联运是现代化运输组织方式,是综合交通运输体系建设的关键一环,是现代物流的重要支撑。多式联运基于系统、综合的理念,充分发挥各种运输方式比较优势,用简便的手续和快捷的速度以及合理的运输费用,为货主提供"门到门"的运输服务。中国多式联运发展已经取得一定进展,但与交通强国、物流强国要求相比,还有较大差距,发展中还存在不少问题与挑战,需要进一步加强协调加快推进。

一、多式联运进展与存在的问题

　　中国政府高度重视多式联运发展,出台了一系列政策。2019年,《交通强国建设纲要》提出,"到2035年,基本建成交通强国","货物多式联运高效经济","推动铁水、公铁、公水、空陆等联运发展,推广跨方式快速换装转运标准化设施设备,形成统一的多式联运标准和规则"。2021年国务院办公厅发布《推进多式联运发展优化调整运输结构工作方案(2021—2025年)》,提出"到2025年,多式联运发展水平明显提升,基本形成大宗货物及集装箱中长距离运输以铁路和水路为主的发展格局,全国铁路和水路货运量比2020年分别增长10%和12%左右,集装箱铁水联运量年均增长15%以上。重点区域运输结构显著优化,京津冀及周边地区、长三角地区、粤港澳大湾区等沿海主要港口利用疏港铁路、水路、封闭式皮带廊道、新能源汽车运输大宗货物的比例力争达到80%；晋陕蒙煤炭主产区大型工矿企业中长距离运输（运距500千米以上）的煤炭和焦炭中，铁路运输比例力争达到90%"。

从这些年多式联运推进效果看，已经取得明显进展。

一是多式联运骨干通道正在完善之中。以"6轴7廊8通道"主骨架为重点的综合立体交通网加快建设。联网补网强链延链优链不断深化，多式联运大动脉、微循环进一步畅通。

二是多式联运数据信息进一步联通。制定发布集装箱多式联运电子运单等标准规范，发挥交通运输数据资源共享交换系统"数据枢纽"作用，促进多式联运各环节信息互联共享。

三是多式联运各环节进一步贯通。116个国家多式联运示范工程加快创建，开通联运线路基本覆盖国家综合交通枢纽城市和立体交通网主骨架，以高效的物流链，推动优化供应链、提升价值链、完善创新链，为更好服务超大规模市场、推动现代化产业体系建设提供有力支撑。

四是多式联运国内外网络进一步拓展。在国内区域协调发展战略指引下，以多式联运为纽带进一步缩小区域发展差距、促进地区协同发展。在"一带一路"倡议指引下，依托多式联运持续提升中欧班列开行质量。

五是多式联运进一步完善。2023年8月，交通部联合商务部、海关总署、国家金融监督管理总局、国家铁路局、中国民用航空局、国家邮政局、中国国家铁路集团有限公司发布关于加快推进多式联运"一单制""一箱制"发展的意见。"一单制"就是托运人一次委托、费用一次结算、货物一次保险、多式联运经营人全程负责的服务模式。"一箱制"就是集装箱运输"不换箱、不开箱、一箱到底"的服务模式。多式联运"一单制""一箱制"是推动多式联运高质量发展、交通物流提质增效升级，更好服务支撑实现"物畅其流"的有效途径。

但同时要看到，与发达国家开展多式联运状况相比，中国多式联运目前在许多方面存在不足。

一是总体上缺乏与多式联运系统需求之间的协调。多式联运需求是社会经济活动在货物空间位移方面所提出的有交付能力的多式联运需要。社会经济活动是产生多式联运需求的源泉，随着中国国民经济和对外贸易的持续快速发展,国际多式联运特别是集装箱多式联运也得到高速发展,但是与发展需求相协调的多式联运系统在全国范围内并未完全建立起来。联运规模偏小,难以从总量上满足国民经济进一步发展的需要。

二是缺乏面向综合效率和综合效益的各运输方式之间的协调。对于多式联运的协调问题,每一种运输方式都有本系统详细的近期发展和长远发展战略。这是一个长期积累的过程,在这个过程中,各种运输方式的系统内部基本上看还是合理的、协调的。但是从发展多式联运的角度来看,却存在着许多不协调的地方。例如铁路、水路货运量在全社会货运量中占比仍然较低,各种运输方式组合效率、集约效益和整体效能还未充分发挥,多式联运竞争优势还不明显。

三是缺乏面向综合效率和综合效益的协调管理。由于不同运输方式之间存在所有制的差别,公路、铁路、水运、民航的市场化程度不一致,公路运输高度竞争,铁路、水运、民航的市场化程度仍有待提高,这种状况使得各种运输方式之间比价不合理,价格体系不统一,其中既有集装箱与件杂货运价的比价不合理,也有各种运输方式之间在集装箱运输方式时的比价不合理,有的甚至价格扭曲。特别像对于需要多种运输方式参与的多式联运,由于中转环节多,涉及部门广,需要各种运输方式的密切配合,以及集疏运系统的综合配套问题。枢纽场站"邻而不接""连而不畅"和"中间一公里"等现象依然存在,缺乏具有跨方式运营、全程负责能力的多式联运经营人,部门间、方式间、企业间、区域间信息互联共享机制还不健全。道路货运过度竞争、低价竞争等现象普遍存在。铁路服务品种、质量、效率还不能高效满足用户需求,铁路与公路运价市场信号未能有效传递的问题依然突出,市场机制和作用在"公转铁"方面发挥不够充分,影响了企业"公转铁"积极性。

上述问题,迫切需要人们对多式联运系统的发展进行深入而系统的理论研究,从而更好地指导我们的实践。

二、从七大方面协调推进多式联运发展

就中国而言,脱离整个国民经济、交通大环境、物流大市场、全球物流供应链来研究多式联运发展显然是不够的。多式联运发展与国民经济、国际贸易、综合交通运输、现代物流与供应链的发展息息相关,它们之间具有互促互进的密切关系。由于多式联运涉及部门广,加之存在不少制约因素,短时间内是不可能解决所有发展中遇到的问题。我们既不能遍地开花地在全国范围内发展多式联运,这与中国国情不相符,从而将导致综合效率和综合效益的低下;又不能放任自流,而应有所侧重,它需要我们对多式联运的整体发展和资源优化配置进行研究,特别是对多式联运的发展进行协调研究。所谓多式联运协调就是以发挥多式联运系统整体效能(即系统的综合效率与综合效益)最大化为目标,以系统内各子系统之间有效地相互协作为导向,使系统处于和谐的发展状态。它包括两层含义:一是指多式联运系统内部的协调。多式联运系统内部的协调是基于各子系统间的协同效应,是系统内各子系统在总量配比上、空间布局上、技术水平上、组织管理上、技术政策上相协调。多式联运协调的另一层含义主要体现在系统与外界需求总量上的协调以及与区域空间分布上的协调。

具体可从七个方面进行协调:(1)多式联运布局协调;(2)多式联运能力协调;(3)多式联运组织经营协调;(4)多式联运技术设备协调;(5)多式联运信息协调;(6)多式联运结构协调;(7)多式联运发展协调。

(一) 加强多式联运布局协调

多式联运布局,是指多种运输方式进行多式联运的地域分布。它是以推进国民经济发展的总目标为指导,通过具体研究社会经济的发展变化,运输生成的不同需求差异,宏观上解决多式联运发展的优先配置顺序,使多式联运与社会经济发展相协调。多式联运布局协调,可较好地解决多式联运发展中的突出瓶颈问题,发挥出各种运输方式比较优势,提高运输效益,改善区域的投资环境,拉动区域经济发展。

多式联运布局的协调应掌握以下原则:

1. 满足国民经济发展及其运输联系方向(格局)需要的原则

多式联运布局的首要原则是满足国民经济发展及其运输联系方向(格局)需要。这是社会经济发展的要求,也是多式联运在未来运行中能够保持有效运转的基础。多式联运说到底是社会国民经济发展到一定阶段的产物,是社会经济为实现有效运行而对货物移动提出的诱致性需求,多式联运必须从布局上满足社会经济发展的这种需求,来适应社会经济展的要求。而在满足社会经济发展的这种布局过程中,还要进一步注意运输联系方向,在运输联系最密集和最具有运输增长潜力的地方进行多式联运系统的布局。

2. 经济效益原则

经济效益,就是经济活动中所得和所费的比较,或者说是投入和产出的比较。用公式表示就是:经济效益 = 有用成果/劳动消耗 = 产出/投入,这个比值为正是正效果,比值为负为负效果。正比值越大,经济效益愈好。

由于交通运输部门是个特殊的物质生产部门,它的"产品"是"位移",与国民经济其他部门的发展和人民生活息息相关,对社会各方面有着直接和间接的影响。它的社会经济效益往往难以用经济价值来直接计算。因此,在评价运输项目的投资经济效益时,应该以国民经济全局观点,全面地评价它的社会效益和企业本身的效益。对运输而言,它的目标指向就是要达到运输成本最低,给国民经济各部门提供合理的运输费用和运输的选择。

经济效益原则是一条普遍性原则,是一种竞争能力的体现。运输方式的选择、运输资源的配置无疑都必须遵从这条原则。

3. 大通道原则

速度是交通的灵魂,高速化是当代交通技术发展的主要标志。时间价值在交通运输中是日益重要的概念,时距也逐渐取代了距离的概念。所谓通道是指某一地理区域,为一宽阔的长条地带,它顺着共同方向的交通流向前伸展,把主要交通流发生地连接起来。在某一通道内,可能有若干条可供选择的不同路线。它不仅包括运输基础设施的用地范围、通道赖以形成的自然条件,也包括货流赖以发生的经济区。通道内有流向相同的密集的交通流,有多种运输方式为其服务。通道的形成是客观经济规律发展的必然反映。随着规模经济的发展,地区间商品交换量的增加,地区间必然出现两个集约化趋势:一个是货流发生地和目的地运输量集约化趋势;另一个是运输路径的集约化趋势。这个由生产力布局而形成的各大经济地域所构成的点和以各种运输方式将它们连接起来的轴,逐渐发展导致通道内运量的集中化,商品交换量的规模化和运输路径的集约化,促成了通道形成的条件和建设的基础。

通道的位置和运输方式的选择要根据地理条件、货流的强度、货种结构和平均运输距离等诸多因素。形成大通道必须具备两个基本条件:①大流量,即通道内要有密集的货流;②高效率,即在通道内运输能节约时间、降低运输成本。在运输通道内节约交通时间,实际上就是提高运输效率;降低运输成本,实际上就是提高运输效益。最优的通道不一定是地理上的最短路,而是交通时间最短的路。

(二) 加强多式联运能力协调

布局协调是解决多式联运与国家或区域经济发展之间的能力协调问题,宏观布局决定了多式联运系统的拓扑结构,是一个静态的阶段,而有了这样一个布局之后,还必须形成相应的运输能力,这是一个动态的过程。

所谓运输能力一般是指被研究的交通设施在合理组织、全面规划、协同配合下,所形成的系统最大单位时间的运输量。多式联运能力协调研究是以协调为基础与导向,以所要发挥"门到门"高效、高速、高质的功能为基点,从协调的角度对多式联运系统中各种运输方式所提供的运输能力进行的设计。

对于多式联运系统来说,可以将运输能力分成两大类:①各种运输方式内部的运输能力;②各种运输方式之间交叉作业时的能力。应该说交叉作业的能力问题是一个相对更重要、在现实中更突出的问题,能力的瓶颈往往也容易在此处产生。货物通过交叉作业从一种运输方式转到另一种运输方式时，就存在交叉作业能力问题，即使两种运输方式的运输能力都较高。但交叉作业能力很低，那么多式联运的综合效率仍旧会受很大的影响。

对多式联运系统能力协调应当遵循以下原则。

1. 匹配原则

所谓匹配原则是指形成多式联运系统时，各种运输方式之间的运输能力以及交叉作业能力在运作时应当相互适应，例如港口吞吐集装箱的能力既要与国际海运业的能力相适应，又应当与铁路和公路枢纽的集疏运能力相匹配。

当然，关于能力的匹配问题比较复杂。多式联运中的交叉枢纽集中的货物可以通过两种以上的运输方式进行疏运，因此能力的匹配不是简单的一对一关系。譬如多式联运系统中中转枢纽的集装箱流主要有三种，即到达流、始发流和中转流。匹配原则实质上就是对这三种流进行处理。

2. 动态发展原则

匹配原则的实质在于各运输方式之间运输能力相互适应。但经济是不断发展的，社会也在不断的进步，对于运输的需求也在不断的增长，这就要求在运输能力相互匹配的同时，还要注意把能力的协调与经济的发展协调起来。匹配原则本身还是一个静态的状况，它标定了在某一阶段各运输方式之间能力的协调，但超过这一阶段，其形成的总的运输能力则会不适应经济的发展。动态发展原则，是对这一缺陷的弥补，同时也是运输能力动态协调的重要原则。

所谓动态发展原则是指多式联运系统对其能力进行协调时，需要动态地考虑与经济发展相适应。经济发展对运输的需求是一个不断增长的过程，这就要求在运输能力上与之相协调。

（三）加强多式联运技术设备协调

多式联运系统的技术设备主要包括固定设备（线路、航道、港口、码头、车站及航空港等)和移动设备(机车、车辆、船舶、装卸机械等),它们在实现多式联运的运输功能方面分别起到了不同的作用。这里所提的技术设备的协调并未包括全部的固定设备和移动设备,而主要是指它们中存在交叉作业的那部分技术设备。

所谓多式联运技术设备的协调是指以协调为基础和导向,以所要发挥的功能为基点,从协作的角度对多式联运系统内存在各部门性枢纽之间交叉作业的一些技术设备进行的种类、数量等方面的设计。这里说的交叉作业指两种以上的运输方式的技术设备,运输无论是水运、公路还是铁路都有专用的车辆进行运输,以专用装卸设备进行各运输方式之间的换装。

货物自己不会按照运输的要求移动,因此在进行各种运输方式的协作式的交叉作业时,就必须借助一定的装卸设备和载运工具。而技术设备协调就是研究如何解决各种运输方式之间在技术设备上的协调。通过这样一个过程,使得这些技术设备从一开始就能在各运输方式间进行高效的协作,从而提高多式联运系统的综合效率。从协调的角度来探讨技术设备问题具有重要的意义,这使得多式联运从一开始就具备了各种运输方式之间高效协作的物质基础。

多式联运技术设备的协调应遵循以下原则:

1. 兼容原则

所谓兼容原则是指各种运输方式之间存在交叉作业的技术设备应当尽可能的相互兼容。这里的兼容是指,某一种运输方式的技术设备在进行货物运输时,与其他部门性枢纽存在一定的交叉作业,而两者相关技术设备(即相互协作的装卸设备及载运工具)能够在对方的固定设备上直接运作,或者对于某类标准性的货运形式(集装箱运输),各联运的运输方式具有相类似的功能和运输能力的载运工具和装卸设备(如集装箱车、集装箱船,集装箱吊装设备等)。

通过兼容原则,使得各运输方式之间的转运货物得到技术设备上的保障。技术设备是多式联运的载体,而相互兼容的设备则是各运输方式联合运输的重要内容。由此可见,技术设备的兼容,不仅仅是多式联运及所在地区的问题,而且也涉及整个运输体系当中的一些技术设备。

2. 标准化原则

多式联运标准化是指在各种运输方式交叉作业的环节中,形成一种运输标准体系,以获得最佳秩序和经济效益、社会效益。标准化为多式联运的发展提供了前提条件;而各个运输环节的标准化,又为多式联运的发展创造了条件。其具体的内在关系如下:

(1) 标准化是实现多式联运的前提。中国多式联运系统正处于成长阶段,一些旧的标准已不适应。例如,如果使用的集装箱的尺寸、结构和重量、强度等各有差异,则会对整个多式联运系统有效运转产生阻碍,对于解决水、陆、空联运中所要解决的快速换装、换运、科学管理等一系列问题来说,则更是矛盾重重,难以解决。为了进一步寻求整个运输过程合理的解决办法,通过实践认识到,应该规定具有统一规格的标准化,才能为运输过程各个环节和自动化管理提供统一的必要的前提。标准化将有效地解决多式联运中的中转速度、货损货差、运费等问题。

(2) 各个运输环节的标准化为多式联运的发展创造了条件。它主要反映在各个运输环节上,突出表现在专用运输工具、专用装卸设备和管理工作中应用电子计算机技术等方面。

3. 适度超前原则

所谓适度超前原则是指在进行多式联运系统的协调时,应当在适度与超前之间找到一个较好的结合点,从而以更小的投入创造出更大的效益和更高的效率。

适度超前原则是针对兼容原则提出来的,兼容原则强调现有技术设备或是说在一定期限内的技术设备的兼容问题,但其缺陷在于忽视了社会发展、经济进步与交通运输自身发展的交替性。即交通发展的轨迹不可能是理想的数学公式中所描述的平滑曲线,而总是一种阶跃的发展轨迹。

（四）加强多式联运组织经营协调

多式联运系统组织经营的协调包括两个方面的内容,一是多式联运的组织问题,二是多式联运的经营问题。组织在此处主要是指对多式联运的管理,而经营是指多式联运的经营方式问题。对于多式联运的组织经营协调我们应掌握以下原则。

1. 组织统一原则

统一原则是指对多式联运实施协调管理,无论是技术管理、部门职能管理还是法律管理、政策管理,价格管理,在各个运输方式之间都应是统一的。统一原则是多式联运组织成功的基础,很难想象,内在机制不统一的几个子系统能够很好地协调起来。多式联运组织上的协调从根本上说是在于统一的综合运输体系的建立,在于体制改革的深入开展。

2. 经营代理原则

代理原则是指在整个多式联运经营过程中,作为货物所有者(货主)的实际托运人同拥有运输工具的实际承运人之间,并不直接接触,而是以各种不同的形式,分别通过其代理人进行业务活动的运输经营方式。运输代理是一种现代化的运输经营方式,它突破了早期运输经济活动中的将托运方限定为货主、承运方限定为运输工具拥有人,并由他们直接结合进行活动的运输经营方式。多式联运是在两国间使用两种或两种以上不同运输工具的联运。各种运输方式之间通过运输代理,组织多种运输方式完成全程运输的多式联运是当今世界运输的潮流。在经济发达国家,综合运输系统的形成、发展与多式联运互为依托、互为动力,在从低级阶段向高级阶段的发展进程中,多式联运促使运输系统优化并实现综合。随着交通运输专业化程度的提高,运输代理成为综合运输系统的组成部分,各种运输方式通过运输代理实现有机结合,发挥综合效率,形成全新的运输组织方式。可以认为多式联运是综合运输的结合部,运输代理则是多式联运的中介。以运输代理为主要功能的货运中转站成为多式联运的基地。

运输代理的形成促进了运输的专业化和社会化,从经营上推动了多式联运的发展。运输代理有利于运输企业综合组织利用各种运输方式,实现运输方式间具有相关作业的紧密衔接,从而加快货物和车船的周转;有利于促进社会化生产的专业化分工,提高运输效率和社会效率;运输代理制既可解决各种运输方式各自经营、相互脱节的弊端,又能促进交通运输业内部及参与运输活动的各行各业的专业化分工,克服单一运输方式自身经营范围的局限,发挥综合运输的整体优势和规模经营优势;运输代理业务范围广,多数为跨地区、省甚至国界;运输代理不仅组织和协调运输,而且可能影响到运输方式的创新、新运输路线的开发,以及新费率的制定等。

在联运出现以前,单一运输方式的发展是通过运输工具的技术革新,提高运输工具在空间和时间上的效率,而联运则从制度创新上降低运输交易成本。随着交易地域的扩大,运输企业在信息上难以与广大的运输需求取得联系,运输代理应运而生。运输代理企业由于具有专业化的优势,可以降低供需信息成本、运输合同谈判成本和履行成本,以及广大运输网点间的差旅、通信成本,从而降低交易成本。

(五) 加强多式联运信息协调

多式联运涉及到港、航、场站、运输、监管、货物、市场、技术、行业管理等部门。该系统作为一个物流过程,其支持系统包括了各种形态的陆、海、空交通工具,相应的码头、堆场、中转站与仓库,以及与之相配套的装卸机械。一方面,这个支持系统的开发与支撑能力仍远远跟不上运输流本身在数量和质量方面的发展;另一方面,这个物流过程中产生大量的单据流,这些单据流的制作、处理、传递、存贮、登录、分析等繁复工作常有重复、失真和延误,反过来又制约和影响了箱流的正常活动。多式联运系统的生产能力、安全和效率、效益在很大程度上取决于信息的获取、处理和利用。

多式联运系统的信息协调是指运输过程能按生产经营中技术经济规律得到合理科学的计划,组织与控制,使系统各环节通过信息流这个纽带有机地联系起来,相互配合支持,消除各自封闭的孤立状态,做到义务、责任、受益相结合。

信息协调要求我们必须掌握以下原则。

1. 信息化原则

信息化原则主要是指在多式联运系统中,运用现代信息技术和信息手段,进行有效地收集信息、传递信息、加工信息、发布信息,从而保证多式联运系统安全、高效、协调地运转。

信息流一方面是伴随着物流而产生,而另一方面,信息流要规划和调节多式联运物流的数量、方向、速度、可靠性,使之按一定的目标和规则运动。多式联运系统的信息化使我们可以透过各类信息去分析和掌握多式联运物流的规律,从而管理好物流的装运卸、产供销等环节。可以说多式联运物流的畅通与否在很大程度上取决于信息管理的水平和质量,信息流可以对物流的畅通起促进的作用。因此,现在越来越多的管理人员认识到,信息与人、财、物等企业资源一样,也是一种重要的、具有很高价值的、而且是起主导作用的企业资源,如果忽视了这一点,就会导致物流的全盘混乱。

当今社会已进入了信息化数字化时代,其主要特点是信息量、数据量的剧增。信息是一种能创造价值的企业资源,数据是新生产要素,信息与数据已成为影响生产力、竞争力和社会经济的重要因素,多式联运生产能力、安全和效率很大程度上取决于信息与数据的获取、处理和利用。多式联运系统具有广域性、分散性、连续性和管理的集中性、实时性等特点。只有依靠信息与数据的正确、完整、及时,才能保证整个运输系统的协调、高效和安全。

(六) 加强多式联运结构协调

所谓结构,是指同类事物中的各个子系统之间在质与量方面的一种比例关系。多式联运作为一个系统,是由许多相互联系的要素组成,而每一组成要素的活力和功能,必然直接关系到整个系统的功能效应。但系统的总体功能并不是系统组成要素功能的简单相加,而是通过系统要素的合理组合,达到新的更加完备的功能和特点。也就是说,它们之间不是简单 1 + 1 = 2 的关系,各种要素不同的组合方式与组合状况会产生不同的效果。从量上说,一个互相协调的结构系统,其总功能就会大于局部功能之和;反之,一个互不协调的系统,由于相互冲突、摩擦造成能量损耗,其总功能就会小于局部功能之和。从质上来说,结构的合理程度关系着系统的性质和发展水平。

多式联运系统结构协调是指以协调为基础与导向,以所发挥的功能为基点,从协调的角度对多式联运系统中各运输方式之间关系进行研究,从而明确各自所处的地位、所起到的作用,进而得出合理的未来多式联运系统结构设计。

对于多式联运结构的协调应遵循以下原则。

1. 合理原则

合理原则是指既是各子系统间量的比例上充分合理,又是各子系统间质的联系上的有机耦合。多式联运系统中的各子系统是一有机联系的整体,这种有机联系包括前向联系、后向联系及彼此产生的影响力和感应度,这种相互联系和制约既有着量的规定性、同时又有着内在的质的规定性。从量的规定性上讲,主要表现为各子系统之间的投入产出关系、子系统增长速度的高低、各子系统发展规模的相互配合等。从质的规定性上看,主要表现为各子系统之间的功能耦合状况、运输链之间的联系效应、子系统产业素质、成长组织机制,等等。当然,多式联运系统各组成部分之间的数量比例关系,是由各部分相互作用、相互制约的性质决定的,质的规定性决定着量的活动范围,系统结构的量的比例关系必须依据各子系统间联系的特殊性。

2. 结合原则

结合原则是指应当把各运输方式之间所处地运力的比例关系与所在地区的自然、历史、经济、政治等特点结合起来,从而更好地发挥多式联运的运输功能与经济功能。任何一个地区都具有自身的特点,而多式联运系统是该地区极为重要的基础设施,对当地以及周边地区的经济发展具有重要的促进作用,然而不可能每种运输方式都在该系统中占主导地位,总是有一个主、辅之分。

3. 优化原则

优化原则是指对结构的协调应当充分考虑各种运输方式自身的特点，发挥不同运输方式的优势，从而进一步提高多式联运系统的综合效率与综合效益。

仅从多式联运系统来看，各种运输方式有一个合理的比例关系，但这一比例关系并不是一成不变的，而是随着地域、时间的不同而变化。尽管从结构的协调来说，这一比例关系不可能十分精确，但表明了从系统优化的角度说，各种运输方式之间应有一个合理的比例关系。铁路适于高密度、大运量的运输，航空则适于长途、高速、高附加值的运输；公路则以方便、灵活见长；海运则是适于大宗国际贸易的运输。正是由于各种运输方式所固有的一些特点，使得结构的协调除了要考虑与当地的特点结合外，还要考虑各运输方式自身的特点。

4. 完整和开放原则

完整原则是指多式联运系统中的结构体系应当是门类齐全、基本完整。开放原则指多式联运系统中各子系统之间是开放与协作的，同时也要体现在国内多式联运与国际多式联运市场的联系上。实行对外开放、参与国际运输市场竞争是中国经济发展的客观要求和必然趋势。通过系统开放，可以调整生产发展和技术进步引起的新的不平衡，实现比例关系的协调、结构的升级。开放原则要求我们应进一步扩大和加深与国际经济的联系与合作，迅速提高中国多式联运系统结构的素质和在国际产业结构中的地位。

（七）加强多式联运发展协调

对于多式联运系统的协调也要研究发展的问题。一方面，多式联运系统本身是一个不断发展的过程；另一方面，其所在地区在不断地发展，对运输的需求也在不断地增加。如何处理好两个发展之间的关系，是发展的协调要研究的基本内容之一。同时，各种资源，尤其是土地资源日益短缺、环境日益恶

化等,也是多式联运系统在发展中所要解决的。如何处理好这些关系,是发展的协调要探讨的重要问题:

多式联运系统发展的协调是指,以协调为基础与导向,以功能为基点,从协调的角度解决多式联运系统与经济、地区、资源、环境之间发展的关系问题。发展意味着动态的过程,而不是终极目标。社会经济系统本身是一个发展的、演化的过程,对于多式联运系统来说,不存在这样一个协调,即终极协调,而只可能是一个阶段性的协调。因此,进行协调时应当充分考虑到经济的发展与多式联运系统本身的发展,使得协调与发展相得益彰。系统协调本身是一个不断发展的动态过程。对于发展协调则更应当纳入到一个过程中来考察,因为发展是一个连续不断的过程。对于多式联运系统的协调应遵循以下原则。

1. 可持续发展原则

所谓可持续发展原则是指在进行多式联运系统发展的协调时,应当充分考虑未来的不可预见性,采用一些有效途径,为未来多式联运系统的发展提供资源、环境的保障。可持续发展原则的核心在于"发展"而关键在"可持续",即通过该原则的运作,使得多式联运系统具有长远发展的可能性。

2. 演进原则

演进原则,即不断的跟踪系统的变化,选用多种方法,采用循环交替结合的方式,逐步推进问题求解的深度与广度。这一原则是处理难度自增值系统的一个有效原则,具有很强的普适性。所谓难度自增是指这类系统的研究的困难程度将随着处理过程或实践进程而增加。而难度增殖是多式联运系统与其所在地区的经济发展所形成的负荷系统演化的基本规律。受经济与交通交互作用的影响,两者协同发展的演化轨迹可能变得十分复杂,由于研究对象在变,采用一步到位的模式不易取得满意的成效。在这种情况下,采用螺旋式结合动态优化原则,化难为易,是解决对难度自增殖系统的问题研究的一条有效途径。

演进原则的主要目的在于,处理多式联运系统自身的发展与其所在地区的经济发展之间的关系,该原则与可发展原则相辅相承。

第13章
加快应急物流体系建设

在国内各类公共事件突发时,第一时间的应急物资保障尚难高效实现。要加快以"应急物资供给体系、应急物流基础性支撑体系、应急物流组织体系、应急物流运作体系和应急物流法律政策体系"为核心的应急物流体系建设。完善网络化立体化交通运输系统,重视应急物流信息系统建设,构建应急物流组织指挥机构,提升应急物流运作能力,加强应急物资储备体系建设,大力整合应急物流资源。应急物流体系建设要处理好时效性与经济性、先进性与适用性、专业性和社会性等关系。

一、应急物流体系存在的突出问题

在各类公共事件突发时,第一时间把合适数量、质量的应急物资以合理的方式送达目的地,是一项紧迫和关键的任务,这对于保障人民生命财产安全,快速恢复正常社会生活秩序,尽可能减少各类损失、最大限度降低经济社会乃至政治方面的不利影响有重大现实意义。在应对各类重大突发性公共事件实践中,中国已经具备了一定应急物资保障能力,但多数情形下第一时间的应急物资保障总体还难以实现。究其原因,主要是由于应急物流体系建设严重滞后。

所谓应急物流,是指以追求时间效益最大化,灾害损失及不利影响最小化为目标,通过现代信息和管理技术整合采购、运输、储存、储备、装卸、搬运、包装、流通加工、分拨、配送、信息处理等各种功能活动,对各类突发性公共事件所需的应急物资实施从起始地向目的地高效率的计划、组织、实施和控制过程,具有突发性、不确定性、非常规性、事后选择性、不均衡性、紧迫性等特点。应急物流体系,就是围绕着应急物流目标,由相关人员、技术装备、应急物资、信息管理、软硬件基础设施、相关主体以及法律、法规、政策等因素共同构成的特殊物流系统。

应急物流体系的完善和发达程度,直接影响决定着应急物资的保障能力。国内应急物流体系建设相对滞后,突出表现为:

第一,基础设施建设相对滞后。骨干运输通道能力不足,铁路网络结构不合理,民航支线机场数量缺乏,公路通达度与衔接度明显不足,内河航道等级偏低等。东、中、西三大地带交通设施依次弱化,部分区域运网稀疏。此外,应急物流信息网络不够完善,信息传递不及时,缺乏信息发布和共享平台。

第二,组织机制不健全。应急物流的组织协调人员大多临时从各单位抽调,各类应急物资的采购、运输、储存、调拨、配送、回收等职能分散在不同部门、地区和企业,尚未形成中央有关部门之间、中央与地方之间以及中央、地方和有关企业之间联动的组织机制。应急物流组织更多表现为临时性,彼此间缺乏有效协调、沟通和整合,缺乏系统性和预见性,组织效率不高。由于缺乏协调和统一高效指挥调度,在应急物资的流向、流量、流程方面,不同程度地存在杂乱无序的现象,很难做到供需匹配。

特别是,以行政命令为主要手段的应急物资供应组织机制,代价高昂。突发公共事件一旦发生,各级政府往往会组建应急领导小组,及时处理成为压倒一切的中心工作,以行政命令强制推动应急物资供应保障。这种模式以行政力为基础,统一组织指挥,对确保应急物资迅速到位发挥着重大作用。但由于缺乏系统化、规范化、制度化、法治化的应急物资保障机制,总体秩序混乱,系统效率不高,社会代价过大,遗留问题不少。

第三,应急物流企业发展严重不足。专业化的应急物流企业是应急物流体系中的重要市场实施主体,而国内专门从事应急物流的企业(如应急物流基地、应急物流中心、应急配送中心、第三方应急物流企业等)还相当缺乏。

第四,应急物资储备系统不合理。一是救灾储备中心布局不合理。从物流合理化角度看,救灾储备中心应尽可能靠近受灾地区,以对灾情快速响应。西部地区经济发展相对落后,灾民的生产自救能力较差,在遇到自然灾害时,对外界的依赖性较强。目前设立的中央级救灾物资储备中心则主要分布在中东部,当重大灾害发生时,影响快速响应职能发挥。二是救灾物资储备分散于各部门,物资保障成本较高。目前救灾物资分散管理、分散储备,这种模式的直接后果是,救灾过程中需求信息传递速度慢,物资供应组织协调难,运输车辆需求增大,救灾保障成本很高。三是救灾物资供需失衡。救灾物资捐赠基本属于应急捐赠,即在灾难发生时,通过政府号召组织全社会捐赠。由于救灾信息不够通畅、捐赠主体繁多等原因,社会捐助物资很容易出现种类、时间上的供需失衡。灾害救援初期易出现救援真空,应急物资缺乏,而在救灾后期物资达到饱和后,救援物资仍源源不断,造成供应过多、浪费严重等问题。

第五,法律法规及政策建设薄弱。国内尚未形成完善的应急物流法律法规和政策,立法空白甚多。从应急物资采购、储备到应急物资运输、调拨、配送以及应急物资的组织设立等各方面,均缺少相应的法律法规基础。现存的一些法规和规章,通常以"试行""暂行""意见""通知"等方式存在,立法层次低,权威性不够。一些指导性政策过于原则而缺少可操作性。

二、建设应急物流体系的思路

应急物流体系建设应根据应急物流的特点,系统考虑应急物资的采购、储备、运输、储存、装卸、搬运、包装、流通加工、分拨、配送、回收以及信息处理等一系列活动,高效组织和有效运行。与之相应,应急物流体系应当涵括法律法规政策、快速反应能力机制、组织协调、资源综合配套、装备和技术能力,从灾前的预防、预测、预案到及时救援抢险到灾后的救助恢复,从社会力量的动员到资源配套和利用等诸多内容。具体而言,应急物流体系至少应包括五大方面:应急物资供给体系、应急物流基础性支撑体系、应急物流组织体系、应急物流运作体系和应急法规政策体系等,如图 13.1 所示。

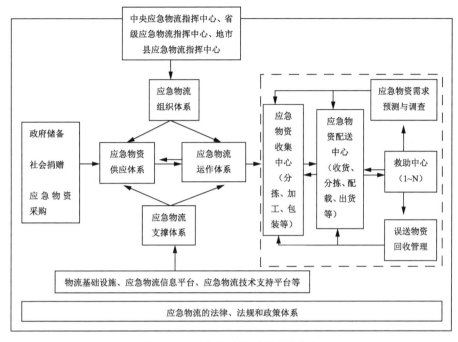

图 13.1　应急物流体系的基本框架

1. 应急物资供应体系

主要由政府储备的救灾物资、国内外及社会各界捐赠的应急物资、政府有关部门通过多种采购方式获得的应急物资等构成。

2. 应急物流运作体系

主要由应急物资需求预测与调查、应急物资收集、应急物资配送以及误送应急物资回收管理等构成。应急物资收集，主要根据对应急物资需求预测和实际情况调查，收集一定区域范围内的应急物资，并通过分类、分级、加工、包装等将应急物资送到配送环节。应急物资配送，主要将应急物资配送到各个救助点（受灾群众领取应急物资的场所）。误送应急物资回收，就是将无效的、多余的应急物资重新尽快收集返回至配送点或收集处。

3. 应急物流组织体系

主要由中央、省、地市县等若干层级应急物流指挥中心构成。应急物流组织体系的建立,目标是促进应急物流运作体系和应急物资供应体系有效协调,高效运转。

4. 应急物流基础性支撑体系

主要由公路、铁路、水运、航空、物资储备等基础设施,以及应急物流通信和信息平台、应急物流装备和技术支持平台等构成。

5. 应急物流法律法规政策体系

主要指国家针对应急物流制定的法律法规和各类政策,用以规范各相关利益主体的权利、职责和应尽的义务,做到有法可依。

以上五大体系是互联、互动、互补、互促,共同服务于第一时间应急物资保障这一核心目标。

三、加快应急物流体系建设的建议

(一) 完善网络化立体化交通运输系统

重点投资和建设交通运输薄弱环节,构建网络化交通运输线。交通运输线路与线路之间要纵向到底、横向到边,既有直达线路,又有迂回线路,保证应急交通运输线路全时畅通。建立公路、铁路、航空、水路多维立体的运输网络,确保一种方式中断时,其他方式能及时补充。

(二) 重视应急物流信息系统建设

应急物流信息系统是支撑应急物流指挥组织的神经中枢,其建设在现阶段相对其他工作而言显得更加急迫。要实现应急物流的实时控制,应急物资精确投送,不同主体间的协同合作,必须全面提升应急物流信息水平。一是要加强应急物流信息平台的建设。这是由于全社会应急物资来源广泛,涉及层面多,活动环节多,各类信息都要依靠共用的应急物流信息平台传递。二是要使应急物流信息方式先进、稳定。由于应急物资的刚性需求,必须确保应急物流信息手段比常态下的信息传递方式更为先进、稳定和抗干扰。

(三) 构建应急物流组织指挥机构

应急物流是一个系统性工程,要实现把正确数量的应急物资第一时间送达到目的地,必然需要一个高效、权威、统一的机构对各种分散的物流行动组织协调,以确保各项活动的协调一致和准确及时。根据中国政府机构设置和物流的运作流程,可考虑整合国家、军队、地方的相关机构,建立常设的专业应急物流指挥系统。专门负责应急物资的供应保障工作,协调应急物流的运行和实施。

由于应急物流指挥管理涉及国家的多个部门以及其他诸多社会成员,如果各自为政,不能协调配合,应急物流便无法实现既定目标。为此,应急物流指挥系统的设立和运作,必须由强有力的公共权力部门主导,即由政府来领导和组织实施。国外在这方面有值得借鉴的做法。譬如,美国联邦紧急事故处理署设有物流管理专门机构,平时主要负责救灾物资管理储备、预测各级各类救灾物资需求、规划救灾物资配送路线和救灾物流中心设置等工作。当灾害发生时,物流管理单位迅速转入联邦紧急反应状态,根据灾害需求接收和发送救灾物资。俄罗斯联邦政府设有紧急情况部,专门负责提供紧急情况下的技术和后勤保障。

(四) 提升应急物流运作能力

应急物流目标的最终实现,取决于应急物流运作体系能否及时、准确地将相应物资输送到目的地,可以说物流运作体系是应急物流体系效率的关键性影响因素。应在科学论证的基础上,在全国建立适当数量的应急物流中心,形成高效的应急物流配送系统。

鉴于应急物流中心和配送中心具有相当的特殊性，大量专门建设将占用太多费用，因此原则上除部分地区根据需要新建一些专业应急物流中心或配送中心外，大部分地区可以利用社会资源，以市场化方式与具备条件的国内大型专业物流企业签订协议，明确其在遇到紧急情况下启动应急物流运作；同时要探索"军地物流一体化"的应急物流模式，有效整合军地物流资源，以实现军地物流兼容部分高度统一、相互融合、协调发展。此外，政府应鼓励应急物流社会化和产业化。

（五）加强应急物资储备体系建设

一是加强应急物资储备，合理物资储备布局、规模及结构。二是发挥市场机制，保障应急物资储备。在灾害救援救济中，有许多必需的基本生活用品（饮用水、方便面等）不可能进行大规模储备，而应事先对当地市场进行调查，了解超市、商场及粮食仓库等部门的储存情况，提前与它们协商，协议好各种用品的价格，以避免灾后价格上涨导致购货不足，有些物品实施动态储备。三是做好应急人力资源储备，培训一些能够使用和操作应急装备和设备的人员。四是加强应急资金储备，中央及省、自治区、直辖市地方财政在年度财政预算中，应当设立应急储备专款，确定应急资金储备规模。五是学习借鉴国外的经验，实现应急物资储备的专业化与社会化的有机结合，建成国家、地方、军队、企事业单位甚至家庭的一体化储备体系。

（六）大力整合应急物流资源

应急物流资源分散在不同部门和地方，存在一定程度的部门和地方分割，组织化程度较低，应急物流资源配置的总体效率不高，亟须整合。政府有关部门应当运用系统理念，有意识地对应急物流资源或物流功能进行规划、配置、重新组合和取舍，对分散的物流资源进行综合利用、相关功能进行协调与集成、物流管理与运作实施重组与优化、提升组织能力与服务水平，实现对应急物资的运输、仓储、包装、装卸搬运、流通加工、配送和物流信息等功能环节的有效集成或协调,合理布局应急物流中心,提升组织能力与服务水平,提高应急物流效率。

(七) 完善应急物流法律法规和政策

一是要完善应急物资采购、储备、运输、组织机构设立及其职能等方面的法律法规。在法律上明确应急物流运作的各利益相关主体的责权利。二是要完善应急物流各环节标准、应急物流企业发展、应急物流社会化以及应急物流技术装备自主创新等政策措施。三是出台合理的应急物流运作补偿政策。

四、需要处理好的几个关系

(一) 时效性与经济性

应急物资保障最突出的特点就是"急",即首先强调时效性。同时,应急物流具有明显的弱经济性。但是,应急物流的弱经济性并非不考虑经济效益问题。相反,处理好时效性与经济性的关系,对应急物资保障有至关重要作用。如通过统筹安排,采用最经济的运输方式,选择最合理的运输线路,从而实现最小的运输成本和最短的运输时间,最大限度地减少浪费,高效率地完成应急物流任务。必须克服现行应急物流体系不计物流运作成本和代价高昂的缺陷。

(二) 先进性与适用性

采用先进技术与设备是应急物流体系高效率运作的必要条件。以汶川地震为例,如果离开了先进的交通运输设备与技术,要想在短时间内将如此庞大数量的救灾设备和物资运抵灾区绝无可能。因此，健全应急物流体系应尽量采用先进技术与设备。但也要看到，应对公共突发事件，大多是在环境恶劣、非常规作业条件下进行的，有时先进设备往往受到各种条件限制，甚至无法到达救灾现场。有时最先进的应急物流设备未必总是最适合的。比如，内燃机车比电力机车技术落后，但它在 2008 年初我国南方大部分地区遭遇的罕见低温雨雪冰冻灾害中发挥了重大作用。故健全应急物流体系要在尽量保证先进性的同时，统筹考虑技术与设备的适用性。

（三）专用性与社会性

应急物流体系建设需要大量的专用性资产（如专业性人力资源、技术装备等）。应急物流面临的任务大都急难险重，需要专业人士负责，因此应急物流的人才队伍建设应注重平时培养，不能等到出现灾害时才临时找人。除了专业人员队伍建设外，应急物流的专用装备也是必不可少的。然而，目前应急装备尤其是应急物流装备尚无专门的生产和储备。如在 2008 年初的我国南方大部分地区遭遇的罕见低温雨雪冰冻灾害中，许多地方没有专业的破冰除雪设备，只好用非专用的机械清除路面，不仅延缓了破冰除雪的速度，还给公路路面造成了不必要的损害。显然，应急物流体系建设中专业应急物流装备必不可少。

同时，应急物流体系建设涉及方方面面，单纯依靠专业应急物流企业或其他单一专业部门和专业人员是难以完全胜任的。应急物流需要调动社会资源的广泛参与，在紧急情况下要动用军队、军用运输装备、军用运输专用线路及相关设施。只有广泛发挥应急物流的社会性资源价值，才可能最大限度地保证应急物流的效率和效果，实现"第一时间"应急物资保障的目标。

第 14 章
推动物流与产业联动协同发展

在中国现代化进程中,物流业必须与各次产业现代化进程耦合联动协同,以实现发展共赢。物流业高质量服务于生产流通消费、服务一二三次产业是其生命力的根本所在。所谓联动协同,是指若干相互关联的事物,一个发生运动或变化时,其它的也跟着运动或变化,以形成发展的合力。理论上讲,物流与产业协同是全方位、多层次的,例如:既有理念、战略层面的协同,也有体系、体制层面的协同,还有要素、能力等方面的协同,如图 14.1 所示。

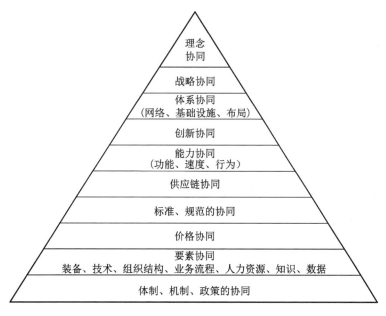

图 14.1 物流与产业协同的内容与层次

过去十多年,物流业与相关产业联动协同已取得一定成效,对物流业降本、提质、增效,提升产业竞争力,畅通国民经济循环和构建新发展格局,起到积极促进作用。但也存在一些突出问题,在新的历时期,需要进一步深入推动物流与相关产业联动协同。

一、物流业与产业联动协同成效与问题

中央和相关部门高度重视物流供应链上下游企业协同联动问题,出台了一系列政策,取得了阶段性进展。

一是推动物流业与相关产业联动发展。早在 2009 年,国务院印发的《物流业调整和振兴规划》就提出,"积极扩大物流市场需求,大力推进物流服务的社会化和专业化,推动物流企业与生产、商贸企业互动发展,促进供应链各环节有机结合"。2010 年,全国现代物流工作部际联席会议办公室出台了《关于促进制造业与物流业联动发展的意见》。此后,物流业与制造业联动成为降低成本、提高效率、促进产业升级、释放和集聚物流需求、整合社会物流资源、提高物流业的整体服务水平、调整优化产业结构、促进经济发展方式转变、提高企业应对国际金融危机的能力以及促进国民经济平稳较快发展的重要手段。2020 年,国家发展改革委等 14 个部门联合印发《推动物流业制造业深度融合创新发展实施方案》,为物流业制造业融合发展指明了方向,为供应链一体化提供了政策助力。同年,国家邮政局、工业和信息化部联合发布了《关于促进快递业与制造业深度融合发展的意见》,提出"到 2025 年,快递业服务制造业范围持续拓展,深度融入汽车、消费品、电子信息、生物医药等制造领域,培育出 100 个深度融合典型项目和 20 个深度融合发展先行区"。除推动物流业与制造业联动,国家同时大力推动物流与电子商务、农业等联动发展。2014 年,商务部会同财政部、国家邮政局筹划共同开展电子商务与物流快递协同发展试点工作。2016 年,商务部、国家发改委、交通运输部等 6 部门共同发布了《全国电子商务物流发展专项规划(2016—2020)》,以促进物流业与电子商务等联动发展。2022 年国家发展改革委《"十四五"现代流通体系建设规划》提出"支持物流企业与生产制造、商贸流通企业深度协作,创新供应链协同运作模式,推进物流与生产、制造、采购、分销、结算等服务有机结合,营造物流与产业互促发展生态"。许多地区建立物流园区、打造物流枢纽、扩展物流通道、优化物流网络布局,有利地促进了产业集聚发展与升级。第六次全国物流园区调查报告显示,全国规模以上物流园区达 2 553 家。越来越多的制造企业把物流服务外包,使国内第三方物流比重得以提升。

二是推动供应链创新与应用。2017 年,国务院办公厅发布了《关于积极推进供应链创新与应用的指导意见》;2018 年,商务部发布了《关于全国供应链创新与应用试点城市和企业评审结果的公示》,在全国数十个城市、数百家企业开展供应链创新与应用试点。试点城市的主要任务是出台支持供应链创新发展的政策措施,优化公共服务,营造良好环境,推动完善产业供应链体系,并探索跨部门、跨区域的供应链治理新模式。试点企业的主要任务是应用现代信息技术,创新供应链技术和模式,构建和优化产业协同平台,提升产业集成和协同水平,带动上下游企业形成完整高效、节能环保的产业供应链,推动企业降本增效、绿色发展和产业转型升级。商务部、工业和信息化部等八部门在全国开展了供应链创新与应用试点与示范创建工作,有力地推动了全国供应链创新发展。在供应链创新与应用的三大重要领域——农业、制造业、流通业,上下游和国内外供应链体系加快布局,新业态新模式持续涌现,培育了一批行业带动能力强的供应链核心企业,构建了一批整合能力强、协同效率高的供应链平台,现代供应链成为各地推动经济高质量发展的重要抓手。

三是以数字技术推动物流与供应链主体的联动。2016 年国家发改委出台《"互联网＋"高效物流实施意见》。2019 年交通运输部、国家税务总局出台《网络平台道路货物运输经营管理暂行办法》以推进互联网货运新业态健康规范有序发展。2021 年,国家发布《"十四五"数字经济发展规划》,明确提到"大力发展智慧物流"。通过物流信息化、数字化推动数字供应链发展,打通采购、生产、流通、物流、消费等各环节。伴随着互联网、物联网、大数据、云计算、人工智能、区块链等技术的快速发展与应用,物流与电子商务、农业、制造业等联动以及供应链上下游协同得到进一步加强,数字供应链市场规模持续扩大。据相关机构测算,中国数字供应链市场规模从 2018 年的 8.25 万亿元增加到 2022 年的 27.2 万亿元,年复合增长率达到 26.94%。供应链的安全稳定为畅通双循环、促进经济高质量发展、提升国际竞争力提供有力支撑。

总体看,一系列政策的出台,企业的创新实践,强有力地推动了物流供应链上下游企业协同,不同企业通过协调合作,实现资源共享、优势互补,达到共同发展的目的,提高了物流供应链的效率、韧性和竞争力。对于物流业降本、提质、增效,畅通国民经济循环和构建新发展格局,均有重要现实意义。

同时要看到,物流供应链联动协同存在一些需高度关注的问题。例如,联动协同还是初步的,支撑联动协同的共利共赢共享的长效机制尚未完全形成,法律法规政策标准衔接问题,信息共享和数据安全问题,市场主体发展不平衡、空间分布不平衡问题,人力资源保障问题等。

在新的历史条件下,立足新发展阶段,构建新发展格局,物流供应链上下游主体协面临新的更高要求。从下一步发展思路看,需要有战略思维、系统思维、开放思维、共享思维、创新思维、安全思维,坚持问题导向、需求导向和效率导向,充分发挥企业各自比较优势,加快推动统一开放、公平公正、竞争有序大市场建设,构筑产业发展新生态。更加注重物流供应链上下游协同发展,推动从供应商到最终消费者的全程高效无缝对接;推动物流供应链的智慧化、一体化、全球化、定制化、平台化发展。充分利用物联网、大数据、人工智能、区块链等技术,使物流与供应链协同更加智能化,逐步实现智能决策、智能调度和实时监控;注重物流与供应链的国内外布局,增强国际资源整合能力,打造高水平物流供应链集聚区;注重定制化服务,满足消费者多样化和个性化需求;注重平台化发展,通过构建开放、共享的物流供应链平台,实现资源的高效利用和更大价值创造。

二、推动物流业与制造业联动发展[①]

制造业物流业协同联动是指专业的物流企业或制造业的物流部门通过

---

① 本部分与刘伟华共同完成。

物流服务主动介入制造商的采购、生产、订单处理、销售、配送、逆向物流等环节，达到"你中有我，我中有你"的深度战略合作，并通过供应链创新实现物流运作全过程高效协同的组织形态。物流业与制造业协同联动作为深化供给侧改革以及经济高质量发展的重要抓手，不仅是提升制造业核心竞争力和降本增效的重要手段，也是推动物流服务创新、促进物流业快速发展的重要途径。当前，物流业与制造业协同联动仍存在不平衡不充分等关键堵点问题，未来应围绕产业集群、区域协调、政企沟通、基础设施、人才培育、标准体系等重点领域，加快推动两业深度融合创新发展。

（一）物流业与制造业协同联动方面存在的问题

当前，物流业与制造业协同联动方面存在的主要问题如下：

一是发展不平衡不充分。受不同地区发展条件和资源禀赋的影响，制造业与物流业发展水平存在较为明显的省份差异，空间分布呈现东部、中部、西部梯度递减的特征。与中西部地区相比，东部地区经济基础好，产业规模大，集群化程度高，拥有更市场化的物流服务体系，同时人才、资本等创新要素资源也更加集中。

二是区域资源协调缺乏效率。物流业与制造业协同联动缺乏有效的区域协调机制，导致一定的资源挤压效应。特别是制造业的产出对生产要素资源的依赖更为突出和广泛，优质的要素资源会向两业深度融合创新发展更好的区域倾斜，进而造成区域间的要素市场竞争，并影响到周边地区的提质降本增效。如何进行有效的资源协调，避免资源挤压效应是未来亟须解决的重要问题。

三是认知水平有待提升。由于中国物流业起步晚，融合理念在产业实践中尚未深入。当前，制造企业的现代物流观念仍然滞后。两业联动实践处于发展初期，经验积累不足。

四是业务融合缺乏规范。物流企业和制造企业在数据共享、平台对接、业务衔接、资金结算等业务融合方面缺乏统一的标准和规范，物流企业与制造企业在人力物力等要素资源上需要承担较高的错配成本，运行效率受到制约,降本增效工作难以推进。

（二）推动物流业与制造业联动的路径

对专用资产进行投入、流程优化再造、技术模式创新、组织协同共生,可提高制造系统与物流系统协同运作水平、加强制造业与物流业主体融合链接、推动产业运行效率提升。未来一段时期,可聚焦产业集群、区域协调、政企沟通、基础设施、人才培育、标准体系等重点领域,加快推动两业深度融合创新发展。

1. 加强产业集群建设,打造区域产业竞争力

充分发挥先进地区对周边地区的带动作用,加强区域内的制造业物流业产业集群建设,形成具有特色的区域竞争力。一方面,以发展态势较好的东部省份为区域示范,充分发挥先进区域的辐射带动作用。对于中西部等发展较差的地区,可以集中资源优先发展基础较好的省份,以优先培育的先进省份为跳板吸引更多的投资和人才,为区域内的弱势省份提供强大的内生发展动力。另一方面,依托两业深度融合创新发展推动区域核心产业竞争力的形成,巩固先进地区的带动作用成效。引导专业化物流企业深度融入制造企业全产业链,推动绿色制造、智能制造的转型升级,形成具有竞争力的优势产业集群,助力运行环节降本增效,拓宽产业集群整体的盈利空间。

2. 深化区域协调发展,优化省份间资源配置

重点加强两业深度融合创新发展的区域协同机制建设,实施区域重大战略和区域协调发展战略,促进资源跨区域流动,打造两业深度融合创新发展区域生态。从深化区域间在产业发展战略层面的统筹机制、强化区域合作机制、优化区域间的资源配置和互助机制等环节出发,提升专业化分工和合作水平,协调区域间利益关系。由中央政府主导,完善发达地区和欠发达地区间的对口帮扶机制,引导发达地区向欠发达地区提供两业融合技术设备、发展模式、财政资金和项目建设等支持,提高区域生态系统的协调性和整体性,

逐步实现资源共享、市场共享、成果共享,避免区域间两业深度融合创新发展的资源挤压效应。

3. 严抓政策实施成效,完善政企间沟通渠道

进一步明确各级地方政府的牵头实施部门。地方政府应结合当地产业发展的硬环境和软环境要素特点,充分挖掘自身优势,结合各地资源基础探索差异化的发展战略,抓好两业融合工作落实。各级地方牵头部门要牵头建立与企业面对面恳谈与交流机制,进一步加强政企沟通、增进政企共识,创新解决方案,切实帮助企业解决两业融合中的实际问题,确保政府与物流企业、制造企业互信机制的有效提升。

4. 加强设备设施联通,提高一体化运行水平

着力推动设施联动发展和企业协同发展,提高专用资产和组织协同绩效。加大对工业园区和物流园区基础设施的投入规模,加强产业集群与物流中心设施的联动衔接。引导工业园区升级数字化的专用物流基础设施,加大工业互联网和智慧物流融合联通,提升物流供给与制造业物流需求的对接效率。引导物流企业与制造企业全面深化战略合作,开展技术协同创新,鼓励物流企业与制造企业协同建立管理部门,搭建制造业物流信息平台,开发专用生产和物流设备,利用智能技术深度赋能生产流通全环节,提高制造物流一体化运行水平,共同实现提质降本增效。

5. 创新人才培育模式,贯彻融合式发展理念

将融合发展理念深入到物流领域创新型人才培养中,以人才基础为切入点提高两业融合认知水平。鼓励高等院校在物流专业开设两业融合专题,引入两业融合相关教材和教学案例,同时鼓励研究生培养和国家重点项目围绕两业深度融合创新发展领域开题,重视科学问题的探索和符合国家战略需求的人才培养。面向业界加大政策宣传,支持行业协会等相关机构通过学习讲座、案例宣传、会议研讨、现场交流、业务培训等多种方式,加大对两业融合的宣传推广,激发企业管理者对于两业深度融合创新发展的关注和探索,吸引

社会各界精英力量,共同推进两业深度融合创新发展。

6. 加快系列标准建设,建立统一的融合规范

针对设备设施联通、业务流程衔接、数据信息共享等关键环节,加快形成统一的两业融合规范。尽快研究制定物流业制造业融合发展的系列国家标准、行业标准和团体标准,鼓励制造企业和物流企业加强运作流程标准、设施设备标准、服务规范标准的对接,提高制造业物流业的整体效率。尽快开展制造企业物流成本核算对标,推动企业物流成本标准的统一制定,助力两业提质降本增效。积极打造制造业物流平台,研发平台服务于两业深度融合的相关标准,促进制造业供应链上下游企业加强采购、生产、流通等环节信息实时采集、互联共享,实现物流资源共享和协同。

三、推动物流与电子商务联动发展

中国已是全球有影响力的电子商务大国,未来电子商务仍将快速发展,商业形态不断演变,电子商务交易的主体和产品类型愈加丰富,对电子商务物流发展的要求也更高。未来网络零售市场除了在沿海发达地区、一二线市场继续保持稳健增长外,还将呈现出向内陆地区、三四线城市及县域加快渗透的趋势。网络零售市场的渠道下沉,三四线城市、县乡镇、农村电子商务将发展迅猛,对农村和三四线城市及县乡镇的电子商务物流发展提出更加迫切的需求。跨境电子商务进入高速发展阶段,正成为中国国际贸易的新增长动力。电子商务物流发展充满了机遇,潜力巨大。适应电子商务海量订单、碎片化需求以及快速分拨、配送等要求,要求与之相应的物流具有时效性、灵活性、体验性、增值性、个性化、精益化、信息化、网络化、国际化、服务空间广等诸多特点。但也要看到,电子商务物流毕竟是个新生事物,高速增长下暴露出一系列不成熟、不完善、不规范、不协调、国际竞争力不强等问题,需要在未来的发展中着力加以解决。

（一）中国电子商务物流存在的主要问题

1. 电子商务物流供给总体不足

电子商务物流存在体系不够完善，基础设施建设不足，服务能力弱等突出问题。面对不同规模、业态和地域的电子商务需求以及快速变化的商业模式，电子商务物流从量和质两个方面均难以满足。特别是面对网络零售爆发式增长，快递、配送、"最后一公里""最后十米"等瓶颈问题凸现。一些重要领域和特殊领域的电子商务物流，如大宗物资电子商务物流、生鲜冷链电子商务物流、医药电子商务物流等尚处起步阶段。农村电子商务物流薄弱，电子商务物流主要集中在环渤海、长三角、珠三角等发达地区和城市，乡镇、农村和偏远地区覆盖率较低。

2. 电子商务物流发展粗放

电子商务物流结构不尽合理，大多数企业规模普遍偏小，专业化程度偏低，创新能力弱，服务水平参差不齐，服务功能相对单一，信息化水平有待提高。许多企业采用的加盟管理模式管理弱化，末端网点服务水平低，末端配送问题十分突出。交通运输、仓储、配送、信息等资源分割。能够提供整体性和系统性解决方案的电子商务物流企业严重缺乏，与新型电子商务模式相匹配的创新性业务亟待开发。电子商务物流市场存在一定的无序性，同质化竞争严重，以价格为主要手段的竞争十分激烈，供需缺口、服务与价格背离等矛盾长期存在。现有物流设施和服务不能很好体现电子商务高效率、低成本、方便、快捷的优势。

3. 电子商务物流国际竞争力不强

国内尚不具有服务全球的规模化、网络化、集约化的跨国电子商务物流企业，国际物流资源整合能力严重不足，至少 50% 以上跨境电子商物流业务由国外跨国企业完成。与国际快递巨头拥有全球物流网络、全球递达能力、强大品牌、国际市场份额占比高等相比,国内企业竞争力不强问题突出,"走出去"面临诸多挑战。

4. 电子商务物流发展的要素支撑不足

物流从业人员素质参差不齐,既懂电子商务,又懂现代物流、供应链管理还有创新思维的复合型人才较为缺乏。金融服务创新不足,中小电子商务物流企业融资困难。咨询、法律等服务不能满足电子商务物流发展需求。一线城市电子商务物流用地供给不足。加之人员、土地、车辆、运输、环境等成本上涨,电子商务物流企业利润空间有较大压缩,亟待加快转型升级,增强可持续发展能力。

5. 电子商务物流发展存在一些体制机制政策障碍

对电子商务物流在市场进入、分支机构备案、报税、报关、清关、检验检疫等方面的监管效率有待提高;地区政策不统一、地方保护主义和部门分割影响了电子商务物流跨地区、跨部门和跨境业务的顺利展开;城市配送车资质获取难、通行难、停靠难、装卸难等问题反映强烈;一些地方对小型货车、配送电动车等存在多种限制;电子商务物流技术、信息和服务标准不统一;邮政公共资源不共享;管理体制和相关法律法规有待完善等。

（二）推动物流与电子商务协同联动的着力点

将满足电子商务物流需求作为出发点和落脚点,牢牢把握电子商务物流发展规律和品质化、个性化、数字化、智能化、全球化、绿色化等时代特征,以"品质提升、完善体系、优化结构、合理布局、资源整合、互联互通、联动发展、国际国内统筹"为战略方向,以"提升能力、提高效率、降低成本、创造价值"为着力点,以营造良好环境、政策完善和体制机制改革为保障,推动电子商务与物流的融合发展和良性互动,实现电子商务物流健康、快速、持续发展。

1. 建设适应电子商务发展需要的社会化物流体系

围绕消费品、工业品、农产品等电子商务物流需求，完善相应网络布局，构建城乡统筹、覆盖全国、连接世界的电子商务物流体系。依托铁路、公路、水运、航空、邮政、快递、仓储、配送等构建电子商务物流网络，依托物流节点城市和电子商务示范城市完善和优化区域电子商务物流中心、集散中心、配送中心和社区集散网点等布局。建设全国性、区域性、行业性电子商务物流信息平台。推动区域电子商务物流一体化和仓干配一体化，加快完善三四线城市和县、乡镇及农村地区电商物流体系。

2. 培育和壮大电子商务物流企业

支持电子商务物流企业走品牌化、规模化、网络化、专业化、精细化发展道路。以物流作业全流程规范化为基础，以物流服务规范化为核心，以质量管理规范化为手段，全面提升电子商务物流管理水平。鼓励电子商务物流企业开发多品种、个性化服务的产品体系，拓展服务领域，满足差异化需求。鼓励传统物流企业充分利用既有物流设施，经过升级改造，增强协同服务能力，开展电子商务物流业务，加快向第三方电子商务物流企业转型；鼓励电子商务企业将自营物流整合升级为社会化第三方物流；鼓励电子商务物流自营企业做强做优，支持其根据发展需要配置物流资源，完善和优化物流体系，增强内部管控，提供客户满意的物流服务和体验。支持有条件的电子商务物流企业形成自主航空运输能力，大幅提升揽收、仓储、分拣、运输、配送、投递等环节的自动化、信息化、标准化水平。鼓励大型生产企业充分利用电子商务平台，加强物流资源整合，优化业务流程，增强其核心竞争力。鼓励为电子商务和物流配套的技术型、服务型企业加快发展。积极探索区域性、行业性物流信息平台的发展模式。推动快递、零担、城市配送企业依托信息化提高社会化服务水平。

3. 促进先进技术装备在电子商务物流领域广泛应用，加快建立电子商务物流公共信息平台

从电子商务物流系统运行角度出发，全面推进现代物流技术装备的应

用,大力推动大数据、云计算、物联网、区块链、人工智能、移动互联、3D打印、二维码、RFID、地理信息系统、车载信息系统、物流优化和导航集成系统、智能分拣系统、集装单元、自动包装、机器人、无人机、新能源汽车、节能环保、电子签名、电子身份认证等新兴技术在电子商务物流领域的应用。推动电子商务物流高速化、自动化、智能化、柔性化、透明化和绿色化进程。

建立服务电子商务物流的公共信息平台,满足政府职能部门、电子商务企业、电子商务物流企业、最终用户之间的信息发布、查询、交换需求。鼓励行业间、企业间相关信息互联互通,引导电子商务企业、电子商务物流企业完善信息系统,建设面向电子商务的物流配送信息开放式平台,加快物流信息系统与电子商务的融合进程。推动形成物流节点、物流配送、口岸物流管理、物流市场需求有机衔接的信息对接机制。

扶持物流企业跨区域合作,支持建设一批电子商务物流信息平台和基础平台。营造易于接入、共享和使用的公共信息平台环境,建立和形成全国物流信息重点业务系统,建设与物流公共信息平台配套的数据库,建立物流信息安全保障与服务体系,建立物流信息技术标准体系和管理规范体系。建设一站式跨境电子商务物流的公共服务信息平台。

4. 推动电子商务物流国际化,构建全球电子商务物流体系

支持电子商务物流企业顺应新一轮开放和全球化趋势,进一步完善国际网络,建设境外据点和分支机构。加快发展国际物流和保税物流,构筑跨境电子商务物流网络,逐步构建起全球化的电子商务物流体系。打造"丝绸之路经济带"和"21世纪海上丝绸之路"电子商务物流体系。构建面向东亚、东北亚、中亚、东南亚、南亚、西亚、欧洲、北美、南美、非洲、大洋洲的跨境电子商务物流体系。

围绕"丝绸之路经济带"和"21世纪海上丝绸之路"沿线国家和地区,积极发展跨境电商物流航空货运航线和货运机场、铁路行包专列和公路快运专线。鼓励有实力的电子商务物流企业实施国际化发展战略,通过自建、合作、并购等方式延伸服务网络,实现与发达国家重要城市的网络连接,逐步开辟与主要发展中国家的快递专线。支持优势电子商务物流企业加强联合,共同

开发周边国家物流市场。支持优势物流企业联合、兼并和重组周边、欧美、新兴市场等国家的物流企业,在条件成熟的国家和地区部署海外物流基地和仓配中心。

5. 加快中小城镇和农村电子商务物流发展

着力建设高度组织化、规模化、社会化的中小城镇和农村电子商务物流体系,形成"布局合理、双向高效、种类丰富、服务便利"的农村电子商务物流服务体系。支持电子商务物流企业向中小城市和农村延伸服务网络,构建质优价廉产品流入、特色农产品流出的快捷渠道。

大力推广农村网购和网销双向流动的电子商务物流模式。积极推进电子商务物流网络下沉,结合万村千乡、农资下乡、电子商务进农村邮政等,延伸物流服务范围,建立起覆盖全国各乡镇和农村的电子商务物流服务网络。结合农村种植、养殖和加工农业,大力培育新型农村电子商务物流主体,大力建设融电子商务、采购、储存、销售、运输、快递、配送服务为一体的商贸流通平台。

鼓励农产品、果疏、生鲜及各类易腐品的电子商务平台创新运作模式和商业模式,实现线上和线下有机结合。依托城市间干线冷链运输,以各类冷库为节点,配合采购、加工、分拨和落地配,确保加工制作、储藏、运输、分拨、流通各个环节始终处于规定的低温状态,实现运营节点透明化、冷链温度可视化、客服查询方便化,保证物品质量全程可溯,减少物品损耗。鼓励企业优化冷链流程,推动冷链资源社会化。统一农产品和食品冷链检验和检测标准。

6. 大力推进制造企业和大宗商品电子商务物流发展

推动传统制造企业电子商务化,根据企业战略需求,建设相关电子商务平台,加强与第三方物流企业合作,加快制造、电子商务与物流无缝对接。鼓励龙头制造企业牵头搭建行业垂直电商平台。推动制造企业、电子商务企业、物流企业以及相关利益主体的战略合作和业务协同,实施供应链全程电子化和可视化。

鼓励发展开放式第三方大宗商品电商物流服务平台,集约化利用资金、物流、信息等资源,提高流通效率。破解大宗商品线上交易瓶颈,实现线上交易、线上融资、线下仓储、加工、配送的有机结合。结合大宗商品交易特征,推进数码仓建设。支持传统大宗商品流通企业加快转型升级,成为新型流通主体。

支持电子商务物流企业构建整合的信息平台,加强供应链设计,系统规划供应链中的商流、物流、信息流和资金流结构,推动供应链运作同步化、集成化和一体化,推动供应链物流资源集成和渠道融合,以优质供应链服务和更多增值服务来满足消费者的需求,实现电子商务供应链转型升级。

7. 加快社区和民生等领域的电子商务物流发展

支持电子商务物流企业因地制宜,与连锁商业机构、实体店、便民服务设施、社区服务组织、机关学校管理部门以及专业第三方企业进行多种形式的合作,加强社区服务点、综合服务站、体验店布局,大力开展代投代收点服务。

支持电子商务企业、物流企业、金融机构共同打造便民利民的社区电子商务物流金融服务平台。完善社区电子商务物流民生基础设施建设,支持网购自提点建设,推广智能终端自提设备的应用。推动配送网点进入社区,利用落地配和楼宇配送解决"最后一公里"末端配送难题,推动第三方社区服务企业发展。

加快生鲜和冷链电子商务物流发展,构建生鲜电子商务物流全程冷链体系。支持医药生产经销企业药品的网上招标采购。按照 GSP 要求,构建服务医药电子商务的网络化、规范化和定制化的医药物流体系。建立完善的食品、药品电子商务物流可追溯体系。对于有温湿度要求的食品、药品的电子商务物流,构建全程冷链体系。确保食品药品的安全。

8. 推进电子商务物流标准化

建立健全电子商务物流服务标准,规范服务流程。充分发挥标准化技术支撑作用。研究和构建电子商务物流标准化体系,加快电子商务物流单据、技术、作业、信息、服务等标准建设。推进电子订单、提单、仓单、运单和快递单等标准建设。完善配送车辆标准,大力发展绿色环保低碳、安全性能好、载货量大、经济性好、形象统一、适应城市交通、灵活机动的配送车辆。完善包装、集装、周转箱和托盘标准；完善多式联运、冷链、危险品运输等标准。制定快递服务与网络零售信息系统数据接口标准。健全快递统计监测与网络零售统计监测、统计监测网络对接的体系。完善和统一物品编码标准。

9. 加强电子商务物流诚信体系建设

实施电子商务物流企业等级评定和信用分级管理，支持具备条件的第三方机构对电子商务物流企业进行信用评价，向社会提供信用评价信息。推进电子商务物流企业与电子商务企业信用评价的互通、互联、互评、互认。建立健全行业管理部门之间信用信息资源的共享机制，建设在线信用信息服务平台，实现信用数据的动态采集、处理、交换，实时向社会推荐诚信企业。

建立电子商务物流企业信用档案，保护消费者隐私与权益，减少物流欺诈，提高物流企业准点率、配载率，推进安全认证在电子商务中的应用。

加强交通、市场监管、税务、金融等政府部门及相关协会信息共享，建立电商物流企业注册登记、税务征缴、行政奖惩等诚信信息数据库，以及电商物流从业人员信用档案，建立电子商务物流行业失信信息披露机制。

10. 完善和优化电子商务物流空间布局

以全国物流业现有发展布局为基础，结合电子商务发展需求和国家空间战略，完善和优化电子商务物流空间关键节点、重要节点的规划布局，注重各节点城市间的分工与协作，发挥网络整体效应。

华东片区，上海、杭州、南京为一级电子商务物流节点城市，宁波、金华、无锡、苏州、合肥、济南为二级电子商务物流节点城市。华中片区，武汉、郑州、长沙为一级电子商务物流节点城市，株州、信阳为二级电子商务物流节点城市。华南片区，深圳、广州为一级电子商务物流节点城市，东莞、中山、厦门、揭阳为二级电子商务物流节点城市。华北片区，北京、天津、石家庄为一级电子商务物流节点城市，唐山、保定、廊坊为二级电子商务物流节点城市。西南片区，重庆、成都、昆明、南宁为一级电子商务物流节点城市。西北片区，西安、乌鲁木齐为一级电子商务物流节点城市，兰州为二级电子商务物流节点城市。东北片区，沈阳、大连、哈尔滨、长春为一级电子商务物流节点城市，营口、盘锦为二级电子商务物流节点城市。同时，鼓励地市县建设电子商务物流分拨中心。

第 15 章
推动物流与区域融合发展

　　物流服务是在一定时间与空间中进行的,物流网络最终要落在特定地域空间。区域经济发展受资源要素禀赋、规模经济和集聚经济、连接和流动成本的综合影响。物流服务水平很大程度上影响到生产、流通、交换成本及区域对外的市场连接能力、商品的流动能力。高水平的物流能力能够使一个地区更具连接能力、要素集聚能力、资源配置能力、优质服务能力,提升开放能力,对于一个地区形成经济增长极具有重要支撑作用。世界上经济发达地区,往往也是重要的物流枢纽,拥有完善的交通和物流基础设施,以及发达的物流产业与供应链服务,并以此支撑区域主导产业、支柱产业和生活消费体系。中国在实施区域经济发展总体战略以及推进区域协调发展时,重要的一项举措就是大力改善交通运输与物流服务状况,推动物流与区域融合。例如,京津冀协同发展战略就着力把河北打造成现代商贸物流重要基地作为重要着力点。国内一些地区依托港口、机场、铁路站场发展枢纽经济。这些物流与地区融合发展的做法为地区经济发展注入了重要动力。

一、建设全国现代商贸物流重要基地

　　全国现代商贸物流重要基地建设是推进京津冀现代服务业发展的核心内容,将河北建设成为全国现代商贸物流重要基地是国家立足河北现有优势

167

和京津冀地区发展全局作出的决策，推进全国现代商贸物流重要基地对京津冀协同发展有着重要的引领性、支撑性作用，对于促进区域经济发展，加快构建以国内大循环为主体、国内国际双循环相互促进发展格局具有重要战略意义。

从全球看，全球化推动了全球范围的人员、商品、资源、资金、信息、数据、知识和技术等要素流动。各国均重视商业、贸易、交通运输、物流、信息通信、互联网、金融、文化、标准、规则等多方面的国内外连接。

从全国看，中国商贸物流业近些年发展迅猛，规模持续扩大，商贸物流基础设施不断完善，商贸物流服务网络覆盖城乡，成长出一大批有影响力的商贸物流企业，长三角、珠三角、京津冀、成渝、中部等地区涌现出重要的商贸物流集聚区，全国总体上呈现出多业态、多主体、多模式、多空间等特征，商贸物流与生产、流通、贸易、消费的关系更加密切。

从京津冀看，作为新时期引领中国经济发展的一个战略性增长极，拥有全国8%的人口、10%的GDP，是中国北方经济规模最大、最具活力的地区，具有不亚于长三角和珠三角的资源优势和发展潜力。北京作为未来世界级城市，在全球商贸物流体系中地位显著。天津作为北方国际航运物流基地，在商贸物流集散、中转和分拨方面作用十分重要。河北作为中央明确的全国现代商贸物流重要基地，商贸物流规模大、网络效应明显。

尽管京津冀商贸物流地位十分重要，但发展程度明显落后于发达国家以及长三角、珠三角地区。京津冀商贸物流仍然面临着许多突出问题和障碍。如基础设施建设还相对滞后，河北省内与京津互联互通尚未完全形成，协同发展的认识尚未完全统一，各地政策尚不协调，网络覆盖与全面建成社会主义现代化强国还有较大差距，国际竞争力不强等，面临进一步转型升级、做大做强做优的重大战略需求。

从未来形势看，中国发展进入新阶段，构建新发展格局，推进新型工业化、新型城市化和农业现代化，全球新科技革命和产业变革，全球化纵深带来激烈竞争，绿色低碳循环发展新要求，新一轮高水平开放，京津冀协同深入发展，三次产业结构调整和消费结构升级，建设环首都高效生产生活物流圈，电子商务、快递、配送、高铁等高速发展，农村市场发展迅猛等，这些新形势提出了商贸物流发展的新要求,商贸物流需要进一步完善体系和网络,优化布局和结构,提质增效,加快国际化等。可以说,京津冀商贸物流业发展在目标、思路和重点任务方面与过去将会有许多不同,需要进行相应深入研究,制定出更富战略性、前瞻性、系统性的商贸物流规划。

面对新形势新要求,河北加快建设全国现代商贸物流重要基地,既是推动区域产业和消费升级、区域协同和空间布局优化的战略需要,也是京津冀产业分工协作与转型发展的必然选择,对降低流通成本、支撑电子商务、服务生产生活、扩大就业渠道等均有重要作用。同时,在新发展阶段,面对新的形势要求,需要进一步深化河北建设全国现代商贸物流重要基地的认识。进一步强化商贸物流对河北经济高质量发展与构建新发展格局的重要性的认识,牢牢把握打造全国现代商贸物流重要基地的战略机遇。深刻认识建设全国现代商贸物流重要基地的长期性、艰巨性与紧迫性。深刻认识全球变革下全国现代商贸物流重要基地建设的特征及其功能、内涵的变化。为此,对如何理解、建设全国现代商贸物流重要基地,还需做出新思考、明确新思路、设计新路径。

全国现代商贸物流重要基地是全国现代商贸物流体系的"关键点",其内涵与外延十分丰富,呈现出一些基本特征。其中,最重要的特征就是"五性",即"全国性、现代性、(商贸物流)服务性、重要性、基地性",如图 15.1 所示。

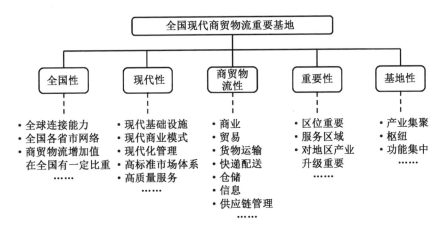

图 15.1　全国现代商贸物流重要基地的特性

上述"五性"，各有其内涵，但又彼此有所交集。例如，现代性、商贸物流服务性，边界比较清晰。但"全国性"内涵，很大程度上也表现为"重要性"。"基地性"也可从一个方面反映"重要性"。为了便于分析，我们可把"五性"归纳为以下一些特征。

规模特征：全国现代商贸物流重要基地有其规模要求，也是全国性特征的体现。例如，商贸物流是地区经济重要支柱产业，地区商业、贸易、物流的GDP规模、商贸物流量等在全国有相当影响，排名在全国前列。

作用特征：全国现代商贸物流重要基地的体现关键在其功能与作用。公路、铁路、水运、航空、快递、配送、多式联运、仓储、中转、分拨、物流园区、内陆港、冷链、电子商务、农产品工业品消费品的批发与零售、采购、国际贸易、口岸物流、保税、供应链管理、支付、结算、应急保障、商贸物流信息、应急物资储备、应急物流等功能齐全。商贸物流体系化优势明显，商业、贸易、物流等网络连通全国各省（自治区、直辖市），具有连接全球主要市场的能力，具有可靠的商贸物流应急服务能力。

技术特征：这是全国现代商贸物流重要基地"现代性"的主要衡量尺度。"现代"是个动态的概念，具有时代特征，当前应体现为信息技术与高科技得到充分应用。商贸物流大数据中心、云计算与边缘计算、人工智能、区块链、5G与千兆光网、北斗导航、地理信息系统等现代信息技术深度应用，与商贸物流产业深度融合，商贸物流服务的数字化智能化精准化程度高。同时，也要体现质量与标准化，包括集约、高效、精细化管理、绿色生态等特征。

市场特征：全国现代重要商贸物流基地要有实施载体，这就涉及统一开放的区域市场，多元化的市场主体，先进适宜的商业模式，大型商贸物流企业为主导、中小商贸物流企业为配套、平台型商贸物流企业快速发展的产业组织格局。拥有一大批5A、4A、3A等A级物流企业等。

一般而言，全国现代商贸物流重要基地在空间上处于国家重要战略性区域，如长三角、珠三角、京津冀等，但并不排除在一些非战略性区域能够形成全国现代商贸物流重要基地，从历史的线索看，区位的重要性也是会随着经济社会发展的变化而变化的。

应该说，一个地区如果能够同时满足规模特征与作用特征，那就基本具备了成为全国现代商贸物流重要基地的条件。否则,将可能是部分满足或还有不小差距,有可能是"准全国现代商贸物流基地"或"区域性现代商贸物流基地"等,这需要具体问题具体分析。

从全国区域发展格局看,长三角、珠三角、京津冀、成渝、中部等地区未来要打造世界级城市群,是中国的重要区域增长极,这些地区发展均离不开现代商贸物流支撑。河北建设全国现代商贸物流重要基地有助于强化河北"东出西联、承南接北"的区位优势,构建多层次、多功能、运作高效的商贸物流服务网络,有助于深化与沿海及更广内陆腹地对接合作,为构建陆海内外联动、东西双向互济的开放格局提供强有力支撑。

从构建新发展格局看,河北建设全国现代商贸物流重要基地对于形成强大国内市场,构建以国内大循环为主体、促进国际国内双循环发挥着基础性作用,发挥商贸物流产业价值创造作用,有效嵌入全球产业链供应链,引领价值链向中高端迈进。推动区域生产、流通、贸易、消费一体化,保障区域重要产业链供应链安全。

从河北在京津冀的地位看,河北建设全国现代商贸物流重要基地是国家对河北的一个战略定位。京津有自身的战略定位,河北建设全国现代商贸物流重要基地将对京津冀协同发展具有战略支撑作用。河北不仅是商贸物流大省,还承接首都的商贸物流转移,为北京做好商贸物流服务,强有力支撑京津冀一体化进程与产业协同发展。

从河北战略地位看,河北战略地位本身就十分显要。明末清初地理学家顾祖禹在《读史方舆纪要》中曾谓河北"据上游之势,以临驭六合者,非今日之北直乎?"河北建设全国现代商贸物流重要基地,将进一步增强河北的战略区位优势。

从河北产业发展看,河北建设全国现代商贸物流重要基地有利于促进河北产业结构优化与升级,推动农业、工业与商贸物流联动发展、融合发展,构建更具韧性的地区现代产业体系,提升河北产业总体竞争实力。

从"一带一路"建设看,河北与京津是"一带一路"重要商贸物流集聚区域,河北建设全国现代商贸物流重要基地有利于推动河北全方位多层次开放合作,抢抓"一带一路"建设发展机遇,促进河北优势产业与"一带一路"沿线国家对接,促进生产要素、优势产能国际化配置,拓展河北企业国际化生产经营空间。

根据定位,河北建设全国现代商贸物流重要基地主要围绕"全国性、现代性、重要性、基地性"展开,系统化部署,一体化推进。具体路径:一是从国际、国内、省内、城乡、乡村、集疏运等维度全方位推进国际国内连接能力的商贸物流体系建设;二是从基础设施升级、服务集约化高效化、枢纽布局优化、市场主体培育、自贸区建设等维度全面提升商贸物流能级,着力打造国内大循环的重要枢纽、国内国际双循环的战略支点;三是从提高科技含量、数字化、智能化、绿色化、标准化、新模式等维度全力推进商贸物流现代化步伐,推进商贸物流业动力变革、效率变革与质量变革;四是从区域供应链一体化、提升应急物流能力等维度进一步增强商贸物流供应链发展韧性,保障区域产业链供应链安全。

二、建设航运经济区

航运作为全球经济贸易最主要的载体,深刻影响着世界发展格局,见证世界强国与地区的兴起。航运经济是交通运输经济的重要组成部分,是国民经济的重要支柱。对促进国际国内循环,推进构建国际物流供应链体系和现代化经济体系具有重大意义。

现代化航运经济融"港、航、产、城、技术"五位一体,是基于港口与航运优势,将人流、物流、商流、信息流、资金流等以及航运各产业上下游打通而形成的各类要素彼此联系、相互影响的有机整体(如图15.2所示)。具体来讲,就是围绕"港、航、产、城、技术"五位一体,打造基础设施、交易、信息、金融、创新等五大高质量发展平台。

一是打造高质量航运基础设施平台。航运经济主要属服务业范畴,但国际一流的基础设施才能有效串联起土地、技术、劳动力、数据等生产要素,让人流、物流、资金流、商流、信息流在航运经济服务区自由流动。高质量基础设施平台包括港口、物流、航运、口岸、邮轮、多式联运、修造船、集疏运功能的建设。要实施陆海空多式联运、枢纽联动,创新构建通关物流平台。要为全球知名航运企业提供具有吸引力的硬件设施,为其规划合适的办公用地,为

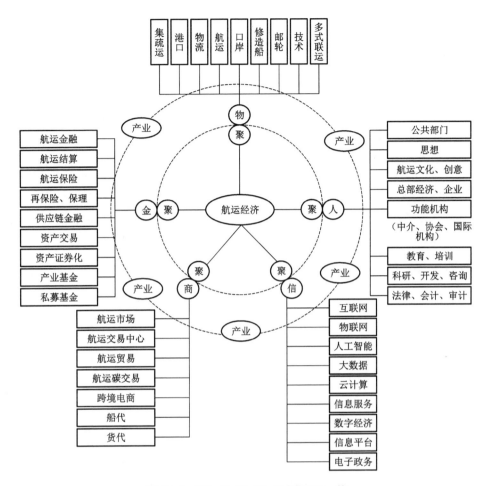

集疏运　港口　物流　航运　口岸　修造船　邮轮　技术　多式联运

航运金融
航运结算
航运保险
再保险、保理
供应链金融
资产交易
资产证券化
产业基金
私募基金

航运市场
航运交易中心
航运贸易
航运碳交易
跨境电商
船代
货代

公共部门
思想
航运文化、创意
总部经济、企业
功能机构
（中介、协会、国际机构）

教育、培训
科研、开发、咨询
法律、会计、审计

互联网
物联网
人工智能
大数据
云计算
信息服务
数字经济
信息平台
电子政务

产业　物聚　产业　金聚　航运经济　聚人　聚商　聚信　产业　产业

图 15.2　"港、航、产、城、技术"五位一体

航运经济发展提供充足的物质基础。

　　二是打造高质量现代航运交易平台。航运商业的集聚要求建立现代化的航运市场，打造区域性航运交易总部。航运市场建设的核心是航运要素交易，重点是做好系统规划，依托当地产业基础和区位优势，在邮轮公司、大型物流企业、海事法律、航运金融和保险等机构的集聚区搭建现代化的航运交易所，便于区域内航运要素能自由流通，充分发挥企业成群、产业成链、要素成市的核心功能。建立健全现代航运交易机制，开放创新航运衍生品交易，带动航运业整体向高端发展。

　　三是打造高质量现代航运信息服务平台。与传统航运服务业的重大区别是现代航运服务业高度重视信息的获取、交流与咨询。信息集聚要求航运经济的数字化和智慧化转型，充分利用互联网、物联网、人工智能、大数据、云计算、区块链等先进技术，构建优质信息服务和电子政务平台，发挥数字经济优势。搭建信息服务平台是航运软实力建设的重要一环，及时准确的信息服务能大幅提升市场交易效率，凸显现代航运服务特色。全球经济已经进入大数据时代，数据作为重要生产要素之一，必将在与航运经济的融合发展中发挥更加重要的作用。政府、企业和行业协会都需要接入航运信息服务平台，企业提高经营水平，行业协会整合服务功能，政府增加调控精准度，协同完善现代航运经济体系。

四是打造高质量现代航运金融服务平台。各类航运业态的金融化是 21 世纪的发展大趋势。资金集聚要求航运经济融合金融元素，大力发展航运保险、航运结算、供应链金融等，引入产业基金和私募基金，推动航运资产交易证券化。引导建立航运产业基金，以船舶融资和航运保险业务为主体，创新金融产品，推动各业态金融联动；依托航运信息服务平台，参与国际航运市场投融资业务，优化资金配置，提高投资回报率；试点航运金融创新基地，允许相关金融创新业务在一定范围内先试先行，取得成功后再更大范围推广。

五是打造高质量航运科研创新平台。商品、产业、资金、信息的集聚必将带来人才和知识的集聚。港口城市要依托航运产业集聚的总部经济特征，积极抢占科研创新高地，这是在国际航运中心竞争中占据优势地位的关键。建立高端复合型人才培养基地，支持高校航运类专业学科建设，强化理论学习和专业素养，结合企业实习渠道，培养理论和实践相结合的复合型人才；建设航运经济知识创新研发基地，推进与企业、高校及科研院所的产学研一体化合作，基于制造业基础和新兴高科技海洋优势产业，加快海洋精密仪器、船舶及零部件维修、钻井平台制造等高端设备领域的研发，建设先进产业的研发、生产和运营中心，构建海洋制造业和航运经济高端服务体系。

三、建设临空经济区

当前，各国对全球高端要素与资源的争夺日趋激烈，国家的全球竞争力愈发取决于城市和区域的竞争力。依托机场发展临空经济区,已经成为全球经济要素资源重新组合的战略节点。在其周围不断聚合临空和航空指向性的高端产业和产业高端环节,日益成为 21 世纪城市和区域发展的新引擎和增长极。空港正在成为联通全球的新经济资源与要素的集聚、交换和配置中心,是带动城市高质量发展的重要功能平台。

临空经济区由于航空运输的巨大效应,促使航空港相邻地区及空港走廊沿线地区出现生产、技术、资本、贸易、人口的聚集,形成多功能经济区域。发展临空经济可以促进国际国内要素大范围有序自由流动、资源高效配置、市场深度融合,通过不断完善和探索多边贸易方式和制度创新,助力区域形成开放性产业创新生态。可以进一步从空港开放向境内开放拓展、延伸和深化,探索与国际标准和规则接轨的基本制度框架和行政管理体制,助力国内构建开放型经济新体制。还可以推进空中丝绸之路建设,立足全新开放、全面合作和全球参与,助力临空相关产业全面“走出去”,架起中国与世界互联互通、促进全球发展合作的桥梁。临空经济区产业布局如图 15.3 所示。

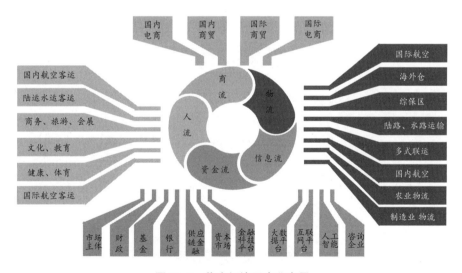

图 15.3　临空经济区产业布局

临空经济是一种新经济模式,其新体现为:

催生新业态——跨境电商、航空快递、冷链、高端制造、新能源汽车、大数据、供应链、大健康产业等。

构建新模式——海外货站、异地货站、空空中转、信息平台、电子货运、无人机、智慧安全等。

实现新链接——通过优化供应链内部、外部运作，实现以客户需求为中心、与上下游制造企业及商贸企业的深度融合。集成全行业航空公司电子货运所涵盖的相关数据信息，让航空公司和机场同时共享货物信息。

培育新主体——吸引大型物流集成商。发展平台型企业。培育创新主体。

创新机制——推动物流活动中不同合作伙伴建立安全有效的信任机制、合作机制。

新发展方式——通过相关技术、流程优化等降低航空运输碳排放、提高效率。

临空产业在空间分布上也有上下层次性，图 15.4 为临空经济空间布局，

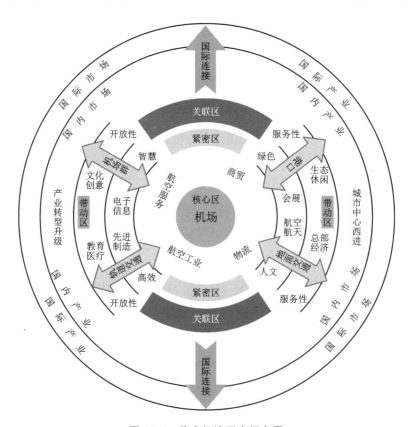

图 15.4　临空经济区空间布局

临空经济以机场为核心,各类产业功能根据各自所需及承受能力,会选择不同的区位,一般会在机场周边形成圈层式的空间发展格局,从内到外一般可分为四个区域,即空港核心区、空港紧密区、空港关联区和空港带动区。

第 16 章
推进物流统一大市场建设：以煤炭物流为例①

煤炭是我国能源的基石。煤炭物流是煤炭流通的重要环节,其发展水平决定着煤炭流通效率与煤炭物流市场建设。在新的历史时期,有序推进全国煤炭物流统一大市场建设,对降低煤炭流通成本,促进煤炭能源的高效生产、流通和利用,形成供需互促、产销一体、畅通高效的国内能源市场大循环,维护我国能源市场稳价保供大局均有重大现实意义。

一、煤炭物流市场建设取得明显进展

改革开放以来,随着经济的持续高速增长,煤炭物流市场发展取得了长足进步,主要表现为:

一是煤炭物流市场规模日益扩大,国际物流不断增长。煤炭物流市场规模与煤炭供求格局和规模密切相关。中国经济长期持续高速发展,煤炭需求不断增长,煤炭物流市场规模持续扩大。2022 年,中国煤炭消费量为 44.2 亿吨,占中国能源消费总量的 56.2%、全球总消费量的 54.8%;同期国内原煤产量为 45.6 亿吨,占全球总产量的 51.8%,是世界上最大的煤炭生产国和消费国。由于中国煤炭资源在地理上呈现西多东少、北富南贫的分布格局,与地

---

① 本部分与漆云兰共同完成。

178

区经济发达程度呈逆向分布的特点，使煤炭基地远离煤炭消费市场，煤炭资源中心远离煤炭消费中心，决定了中国"北煤南运，西煤东送"的长距离运输的煤炭物流基本格局。庞大的产销规模和产销空间分离的格局决定庞大的煤炭物流市场规模。据统计数据，2022 年，中国煤炭物流市场规模达到 3.3 万亿元。

同时，中国大力推进高水平对外开放，推进国际物流发展，大型煤炭物流企业实施"走出去"战略，提升煤炭国际物流业务的深度与广度，煤炭贸易企业和煤炭消费企业也积极加强与国外煤炭企业的合作，拓展煤炭进出口业务。

二是多层次、多元化煤炭物流市场体系初步形成。中国已经初步形成了以全国煤炭交易中心为核心，区域煤炭市场为补充，现货市场和期货市场相结合，线上和线下融合发展的煤炭市场体系；形成了由以自营物流为主的煤炭生产企业和需求企业、以运输服务为主的第三方煤炭物流企业以及部分提供综合性、全程化、集成化整体煤炭物流服务的管理型物流企业共同参与的煤炭物流市场主体体系。形成了依靠铁路、公路、沿海和内河水运，单方式直达运输和多式联运并存的煤炭运输体系。其中，铁路的煤炭运量占全国煤炭运输量的 70%，形成自北向南、由西向东的运煤铁路大通道、东部沿海煤炭运输通道和长江、京杭大运河（山东—江苏段）水运煤通道以及短距离公路运输。此外，煤炭物流企业也开始尝试管道运输方式。

三是煤炭物流基础设施不断完善，现代物流技术不断推广应用。为降低物流成本，保证煤炭市场稳定运行，中央、地方和企业加大煤炭物流基础设施投资力度，以铁路和铁海联运为主的西煤东送、北煤南运通道不断完善，以集散、储配等功能为主的煤炭物流园区快速发展。科技进步对煤炭物流发展的渗透作用不断增强，先进的封闭式集中仓储技术、动态储配系统、数字化配煤系统技术、煤质在线综合检测系统、自动化控制设备逐步得到应用，快速定量装车系统、重载专用车辆以及不摘钩连续翻卸作业等先进物流装备在煤炭物流领域得到推广应用，铁路运量和运输效率大幅提高。

为进一步降低物流成本，煤炭物流企业纷纷探索煤炭物流组织的新模式。神华集团、开滦集团、冀中能源集团等煤炭生产企业积极探索煤炭物流组织新模式，充分利用自营铁路、铁路煤炭装车站、港口煤炭码头等优势，通过有效整合企业内外部物流资源,成立专业化的煤炭物流公司,积极发展第三方煤炭物流,运用供应链管理、信息技术和电子商务,提供社会化的煤炭贸易、运输、储配和信息处理等服务。

二、煤炭物流市场发展存在的一些问题

中国煤炭物流与供应链发展取得了显著的成效,但仍存在一些突出的问题,制约和影响了物流效率的提高。主要体现在以下几个方面:

一是地方保护和市场分割问题依然突出,全国统一大市场尚未完全形成。尽管全国煤炭交易中心已经设立,但地方保护和市场分割仍然严重,受到地方保护的影响,煤炭交易、流动运输并不十分畅通,甚至存在故意抬高产品价格的现象。煤炭市场交易体系尚未完善,市场价格形成机制尚未建立,有利于政府宏观调控、自由交易的体系尚未形成,市场稳定性较差,应对风险能力较弱,成为制约煤炭经济循环的关键堵点之一。

二是煤炭流通距离长、环节多,流通不畅问题较为突出。中国煤炭资源集中在西、北部地区,而煤炭消费企业多处于东、南部地区,煤炭生产基地远离东部沿海地区消费中心,加之传统的铁路运输通道能力制约,造成煤炭运力长期偏紧。与此同时,流通环节过多,流通不畅问题突出。煤炭流通的环节可以划分为:煤源、客户、运力、仓储和专业服务五大核心环节,每个环节的中间贸易商又分为一级、二级等多个等级,各环节、各环节之间易于形成天然壁垒,随着单个环节中不同等级企业的不断增加,业务同质化必将导致竞争加剧,局部市场无序竞争明显。

三是煤炭物流企业综合服务能力低,基于交易的供应链一体化服务能力尚未形成。中国煤炭物流80%左右由煤炭企业以及工业企业自身承担,各种物流装备、各类物流从业人员等有效资源未能合理社会化。其他一些主体围绕上游生产企业、下游消费企业分布,通常掌握着客户、煤源或运力中的一种或几种资源的煤炭经营企业和中介机构,规模偏小,数量多,业务重心仅集中在煤炭贸易层面,利润来源单一,主要通过传统的煤炭贸易价差来获取利润,业务经营和管理粗放，基础设施、设备简单、落后，基于网络的 IT 技术应用落后，缺乏大规模、长距离、多用户的综合服务能力，造成整个流通环节信息滞后、浪费严重、煤炭流通效率低下，环境污染严重，客户导向的增值服务意识缺失。第三方物流企业有所发展，但基本仍以运输型物流为主，煤炭的陆运、铁运和海运业务分别由汽运公司、铁路公司和船公司独立承接完成。总体看，煤炭物流服务内容大多限于货运代理、仓储、运输等基本物流作业层面，提供综合性、全程性、集成化的现代物流服务较少。

四是煤炭物流标准化和信息化程度低，物流环节衔接不畅。煤炭物流信息系统包括供应链上相关企业的供应库存、配送、煤炭仓储、运输、销售等主要功能模块以及基础数据维护、综合信息查询、财务管理以及系统维护等辅助功能模块，实现物流、资金流、数据流和信息流的统一。实践中，各种物流要素之间难以做到有效衔接和兼容，各种运输交通设施衔接不畅。信息网络技术应用程度低，物流企业之间、企业与客户不能充分共享信息资源，难以实现商流、物流、资金流和信息流的统一。

三、推进煤炭物流统一大市场建设的建议

一是加快完善煤炭市场交易体系，优先发展关键领域，弥补薄弱环节。进一步发挥全国煤炭交易中心作用，推动完善全国统一的煤炭交易市场建设是有序推进全国能源市场建设的主要内容和关键环节。要优化煤炭物流基础设施布局，加快数字化建设推动线上线下融合发展，推动形成更多煤炭流通新业态新模式。首先，在规范现有煤炭交易市场的基础上，加快健全若干区域性煤炭交易市场；结合煤炭主产地、消费地、铁路交通枢纽、主要中转港口，以及国家批准开展涉煤品种期货交易的期货交易场所等条件，逐步培育建成 2～3 个全国性煤炭交易市场，形成层次分明、功能齐全、手段先进、运行规范的煤炭交易市场体系。其次，把握煤炭物流发展需求，优先发展运输基础设施、一体化运输。加大铁路货运、港口、内河航运的发展与相关基础设施建设。

二是鼓励煤炭物流企业向现代物流企业转型，大力发展第三方煤炭物流。打造完整有韧性的供应链、提供系统化、集成化服务是现代物流企业的发展方向。首先，通过收购或重组，对民营小型煤炭物流运输公司进行资源整合，形成大中型的运输公司，有利于提升创新发展和综合服务能力，提高物流效率。其次，大力发展第三方物流，支持数字化第三方物流交付平台建设，推动第三方物流产业科技和商业模式创新，培育一批有全球影响力的数字化平台企业和供应链企业，促进全社会物流降本增效。最后，规范物流服务公司与煤炭企业的合作。以双赢为出发点，以合同、契约的方式约定运量、价格和质量等要素，对运输路径、运输方式进行统筹安排，降低物流成本。

三是建设统一、共享煤炭物流信息系统。物流信息系统的建设对提高物流效率至关重要。煤炭物流系统具有范围大、信息源点多、信息量大的特点。煤炭物流信息动态性强，信息的价值时效性很强。必须借助现代科学技术，特别是计算机技术、信息技术以及网络技术等实现对信息的收集、加工和应用，建立统一、兼容、共享的煤炭物流信息系统，实现物流、资金流、数据流和信息流的统一。加快推进先进的煤炭物流技术装备，煤炭物流信息化建设，进一步落实和完善煤炭物流标准体系。例如，重载专用车辆及相关配套技术装备、节能环保技术将在煤炭流通环节推广应用；物流信息平台、物联网、云计算等新一代信息技术将在煤炭物流领域得到创新应用；煤炭物流技术、设备、产品、交易、信息系统、作业流程等相关标准逐步完善，煤炭物流标准化水平逐步提高。

四是推进煤炭物流现代化、体系化、绿色化。物流现代化离不开仓储与运输的现代化。仓储现代化，要求高度的机械化、自动化、标准化，组织起高效的人、机、物系统。运输的现代化要求建立铁路、公路、水路、与管道的综合运输体系，实现"一条龙"服务。大力改进运输方式，采用先进物流技术，开发新的装卸机械，应用现代化物流手段和方式，比如发展煤炭物流专门运输方式等，使仓储与运输实现综合化体系化结合。此外，随着各方面环保意识加强，应更加注重煤炭绿色物流与供应链发展。

国际篇

第 17 章
推动中欧班列持续健康发展[①]

　　中欧班列是依托欧亚大陆桥[②]铁路运输骨干通道,以集装箱"五定班列"[③]形式组织开展中欧及沿线国家间贸易运输的一种货运产品或物流服务,属于国际集装箱铁路联运范畴[④]。自 2011 年 3 月至 2023 年 8 月,中欧班列已累计开行 7.7 万列,运送货物超 770 万标箱。形成经中国五大口岸进出境的东中西三大通道,运行服务网络通达欧洲 25 个国家 200 多个城市,被人们形象地称为行走在亚欧大陆上的"钢铁驼队"。作为国际陆路运输的一种具有创新性的组织形式,中欧班列应中欧投资贸易的稳步发展而产生,随"一带一路"建设的不断推进而壮大,经新冠疫情的冲击磨炼而坚韧,目前已成为亚欧大陆国际贸易运输体系不可或缺的重要补充,也成为共建"一带一路"扎实落地的典范和深化国际合作的重要纽带。

---

　　① 本部分与王杨堃共同完成。

　　② 主要包括通过俄罗斯的西伯利亚大陆桥和通过我国的新亚欧大陆桥。

　　③ "五定"指定点(装车地点)、定线(固定运行线)、定车次、定时(固定到发时间)、定价(运输价格)。

　　④ 在中欧班列出现之前,我国国际集装箱铁路运输主要包括 3 方面内容:(1)海铁联运,主要承接通过港口的海运进出口货物内地转运;(2)国际铁路货物联运集装箱运输,主要是通过国际铁路联运与周边国家的各国铁路集装箱和自备箱的运输;(3)国际集装箱过境运输,主要是在我国东部港口上岸,通过我国铁路过境到相邻国家的过境货物及反向货物运输。

一、中欧班列的建设发展历程

（一）早期探索与孕育产生

2011 年 3 月 19 日,中国重庆至德国杜伊斯堡的国际铁路联运班列首次全程运行,标志着中欧班列服务的诞生。在此前相当长的一个历史时期,中国国际铁路货物联运主要通达朝鲜、蒙古、哈萨克斯坦、越南等周边国家,很少有直达欧洲地区的货运服务。随着中欧间贸易规模的逐渐扩大,中国与部分沿线国家逐步加强亚欧铁路运输合作①,开始尝试开行通达欧洲地区的铁路货运列车,比如在 2005 年至 2008 年间,中国曾开行或试验开行过"呼和浩特—德国法兰克福集装箱列车""深圳—捷克美尼克富士康国际联运专列""北京—德国汉堡集装箱示范列车"等亚欧铁路集装箱列车(见表 17.1)。尽管这些列车开行数量极少、存续时间不长,但为此后中欧班列的开行积累了一定经验。

表 17.1 我国早期主要亚欧铁路集装箱列车开行情况

列车名称	出境口岸	全程距离	运行时间	开行数量	存续期
呼和浩特—德国法兰克福集装箱列车	二连浩特	9 814 km	15 天	9	自 2005 年 3 月至 2006 年 2 月
深圳—捷克美尼克富士康国际联运专列	满洲里、二连浩特、阿拉山口	12 000 至 13 000 km	16 至 27 天	6	自 2007 年 5 月至 2008 年 7 月
北京—德国汉堡集装箱示范列车	二连浩特	9 902 km	13 天	1	2008 年 1 月 9 日

资料来源：本文整理。

---

① 2006 年 11 月 20 日,中、德、俄三国铁路领导人在北京共同签署《中华人民共和国铁道部、德国铁路股份公司和俄罗斯铁路股份公司关于加强欧亚铁路运输合作的谅解备忘录》,并成立协调委员会和共同工作组。

2009 年,在国家相关区域开放政策的加持下,重庆逐渐形成以笔记本电脑制造为代表的 IT 产业集群和出口加工基地,并由此产生对中欧陆上物流通道的市场需求。2010 年至 2011 年间,在中央、地方政府和相关企业主体的共同努力下,在沿线有关国家政府部门和企业的协调配合下,重庆方面先后形成了"五国六方联席会议"①的多边磋商机制,进行了班列运行的测试,签署了《共同促进"渝新欧"国际铁路常态开行合作备忘录》,成立了专门的平台运营企业。在重庆的示范带动下,2012 年,西安、武汉等城市也相继开行了通达荷兰、波兰等欧洲国家的国际铁路班列。2011 年至 2012 年间,中欧班列累计开行 59 列,尽管整体开行频次从每月 1 列逐步增长为接近每周 1 列,但班列整体运力和服务稳定性仍相对较低,回程班列组织也存在较大困难。

(二) 常态化和规模化发展

2013 年 9 月和 10 月,中国国家主席习近平分别提出建设"丝绸之路经济带"和"21 世纪海上丝绸之路"的合作倡议。"一带一路"倡议的提出,为中欧班列建设发展指明了方向,并进一步激发了境内外大量市场主体的开行需求以及一大批城市探索和培育班列开行条件的积极性。同时,这一时期中欧班列的快速发展,也使其成为推进"一带一路"建设的标志性旗舰项目。

2013 年至 2015 年间,中欧班列累计开行 1 203 列,整体开行频次由每周 1.5 列快速增长至每天 2 列以上,回程班列也从实现零的突破发展到接近每天 1 列的水平,回程班列数占开行总列数的比例快速提升至 33%。随着去回程"天天班"的实现,中欧班列常态化、规模化发展水平得到不断提升。但这一时期,在国内各地方城市积极开行班列的同时,也出现了诸如盲目开行、无序竞争等问题,对班列开行的市场环境以及发展的整体效益产生了不同程度的负面影响。

(三) 整体建设和规范发展

2016 年 6 月 8 日,中欧班列统一品牌正式发布启用。同年 10 月,推进

---

①　"五国六方"指中国、俄罗斯、哈萨克斯坦、德国等国铁路部门及中国重庆。

"一带一路"建设领导小组办公室印发《中欧班列建设发展规划（2016—2020年）》，形成首个全局性、系统性、针对性谋划中欧班列建设发展的顶层设计。2017年4月，在首届"一带一路"国际高峰论坛举办期间，中国、白俄罗斯、德国、哈萨克斯坦、蒙古、波兰、俄罗斯等七国铁路部门共同签订深化中欧班列合作协议。同年5月，中国铁路总公司（现称"国家铁路集团"）与重庆、成都、郑州、武汉、苏州、义乌、西安等7家班列平台公司共同发起成立中欧班列运输协调委员会。由此，中欧班列的国际、国内协调机制在更大范围、更高层次上实现了整体性加强。

2016年至2018年间，中欧班列累计开行11 738列，实现年度开行破千列和累计开行破万列的规模，日均开行列数由4.7列达到17.4列，回程班列数占开行总列数的比例由34%提升至42%，双向均衡运行水平显著增强。这一时期，尽管中欧班列开行数量的年均增速达到98%，于2018年提前两年完成2020年规划目标，但在开行质量上还存在一些短板和问题。如图17.1所示。

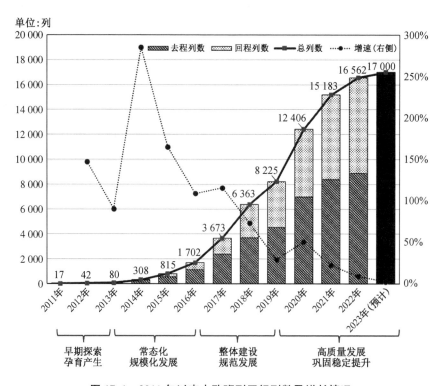

图 17.1 2011 年以来中欧班列开行列数及增长情况

资料来源：根据国铁统计，2023 年 1—8 月份为 11 638 列，全年数据为笔者预测数据。

（四）布局转变及发展质量巩固稳定提升

2019 年 4 月,中欧班列运输协调委员会向各成员单位印发《中欧班列质量指标评价体系》,并建立中欧班列质量指标月通报制度,为中欧班列高质量运营管理提供借鉴。同年,国家发展改革委也深入研究并起草了若干旨在推进中欧班列高质量发展的行业指导意见。2020 年 7 月,国家发展改革委下达专项资金支持中欧班列集结中心建设,并组织召开专题会议研究部署示范工程建设工作,推动班列开行布局由"点对点"向"枢纽对枢纽"转变。2021 年 6月 20 日,推进"一带一路"建设工作领导小组办公室召开中欧班列统一品牌五周年工作座谈会,研究深化中欧班列发展的工作举措,部署"十四五"时期推进中欧班列发展工作,要求相关各方聚焦中欧班列高质量发展主题,围绕"巩固稳定提升"这条主线,共同推动中欧班列发展"上台阶""上水平"。

2019 年至 2022 年间,中欧班列累计开行 52 376 列,实现月度开行超千列和年度开行破万列的规模。同期,中欧班列运行质量也较早期有了大幅提升,回程班列占开行总列数的比例进一步提高至 46%,重点枢纽间开行数量基本实现双向均衡,综合重箱率达到 98% 以上,去程重箱率基本达到 100%,班列平均查验率和通关时间较早期下降了 50%,全程运输时间和全程费用分别较早期减少 20% 和 30%。

二、中欧班列建设发展的成就和意义

（一）开创国际运输新局面：成为国际贸易运输体系不可或缺的重要组成

从运输经济特性看,中欧班列的运输费用大约是空运的四分之一到五分之一,运输时间约是海运的四分之一到三分之一,综合考虑高附加值货物的在途时间成本,中欧班列可比传统的海铁联运节约 8%—20% 的综合物流成本,对于高附加值、强时效性等特定物流需求具有较为显著的比较优势。从服务空间范围看,中欧班列依托亚欧大陆桥联通沿海地区和内陆腹地间的广阔市场,不仅是沿线内陆地区的重要出海通道,也是沿线供需双方均深居内陆腹地的最佳运输工具,还是日韩等周边国家对接亚欧内陆市场的过境运输方案。近年来,中欧班列运载的出口货物货值占中国向班列通达国家出口额的比重,均高于同期相应出口额的年均增速,其所承载的贸易货值对相应贸易增量的贡献大致也超过 20%。

新冠疫情期间,中欧班列在较大程度上缓解了因海运空运通道不畅对国际货物贸易的不利影响,为应对疫情防控、稳定国际供应链运转、保障生产生活有序恢复发挥了积极作用,彰显了"平时"补充贸易运输能力、"急时"保障国际供应链的独特角色。事实上,全球竞争与合作要求交通运输在保障供应链安全中发挥重要作用,经济能否持续发展的重要条件是供应链能否安全高效。而疫情对世界经济产生的具有长远性、系统性的影响之一,就是国际供应链体系极大地增强了对韧性的重视和追求。由此,国际贸易运输和物流供应链体系将更加强调在兼顾韧性、效率和成本的基础上实现重塑,而中欧班列显然已成为增强这种韧性乃至安全水平的重要支撑。

（二）开辟铁路改革新路径：成为深化铁路供给侧结构性改革的新生力量

随着供给侧结构性改革的深入,铁路货运行业也进入供需结构调整的重要时期,迫切需要围绕市场竞争和提升一体化运输链条效率的要求,重构传统铁路运输经营管理组织模式,让国铁参与市场竞争所需要的市场营销理念、产品开发模式、运价形成机制、交易实现手段等一系列基本要素融入整个组织肌体,进而激发系统内部各组成部分的市场活力。

尽管在国铁业务领域中,中欧班列的运量及收入水平仅占很小的比重,但其日益体现出的平台化运作、全链条整合、新服务业态等优势特征和在国际物流市场中的生动实践,确实蕴含着深化中国铁路供给侧改革的方向性启示。铁路行业可以将这一相对独立的运输领域,作为探索铁路运输企业向物流服务集成商转变的改革试验田,通过中欧班列的发展活力带动其他铁路运输服务的转型升级。

(三) 开启内陆开放新篇章:成为打造亚欧大陆内陆开放高地的先行支撑

随着国际生产及贸易分工体系的深刻演进,运输物流链已被不断深入地集成到生产贸易系统中,并逐渐改变着全球生产贸易的时空结构和组织形态。大规模的物流不再是主要位于生产地,而是直接通过主要门户和枢纽到达区域市场,生产制造业的区位将伴随物流区位的改变而变化。事实上,在以制度型开放为鲜明特征的新一轮对外开放发展环境中,地方产业和经济高质量发展的动力机制,已由过去传统的主要依靠低成本要素引导,日渐深刻地转变为重点依托对产业链供应链的时空组织优化和营造产业联动融合生态圈来驱动及引导。中欧班列发展过程中的"班列 + 口岸""班列 + 贸易""班列 + 产业"等业态正是在这种新型动力机制下对"交通 + 物流 + 贸易 + 产业"这种创新发展路径的探索。当然,这其中尤为重要的是构建有利于产业融合特别是先进制造业和现代服务业深度融合的体制机制与政策环境。

中欧班列在带动中国与沿线国家间经贸发展的同时,也有力推动了广大内陆地区参与国际分工的开发开放进程,使过去相对封闭的内陆地区逐渐成长为开放前沿、开放高地。比如,在中欧班列快速发展的带动下,惠普将工厂从上海搬到了重庆,富士康关闭深圳的工厂搬到成都,世界 500 强企业半数以上落户重庆,重庆的外向型产业实现了年均 30% 左右的增长。此外,中欧班列的开通带动沿线内陆国家的物流网络利用率大幅提升,不仅使俄罗斯、波兰、德国、荷兰等欧洲国家的木材、粮食、畜牧业副产品等货物有了更广的销路,也使得波兰的罗兹、马拉舍维奇,蒙古国的后贝加尔,哈萨克斯坦的阿克套,阿塞拜疆的巴库①等亚欧大陆腹地城市,加速形成商贸、物流、制造等产业的集聚。

三、中欧班列建设发展的基本经验

(一) 顶层设计和基层探索相结合

中欧班列是国家战略、地方开放和市场需求高度契合的创新成果,其产生、发展和壮大是中央和地方、政府和市场共同作用形成的。在顶层设计方面,国家发展改革委等有关部门,加强与中欧班列沿线国家相关部门的政策沟通,为班列稳定运行营造良好合作环境。"一带一路"建设工作领导小组办公室会同国内各方面不断完善顶层设计,强化协调联动,打造统一品牌,形成了一套推动中欧班列高质量发展的组织管理体系、工作运行体系、政策制度体系。比如,国家发展改革委、外交部、商务部经国务院授权发布的《推动共建丝绸之路经济带和 21 世纪海上丝绸之路的愿景与行动》(简称《"一带一路"的愿景与行动》)明确提出:"推进建立统一的全程运输协调机制,促进国际通关、换装、多式联运有机衔接,逐步形成兼容规范的运输规则,实现国际运输便利化。""建立中欧通道铁路运输、口岸通关协调机制,打造'中欧班列'品牌,建设沟通境内外、连接东中西的运输通道。"这些都涉及中欧班列建设发展的国际合作重点及工作方向。"一带一路"建设领导小组办公室印发的《中欧班列建设发展规划(2016—2020 年)》,为系统谋划和统筹推进中欧班列持续有序发展提供了重要指引和制度保障。

在基层探索方面,各地方政府和各类市场主体,加强在协调机制、运输组织、服务模式等方面的积极探索,为中欧班列建设发展注入创新活力。比如,

---

① 阿克套、巴库等虽是里海的沿海港口城市,但由于里海只是一个内陆湖泊,因此仍将其视为亚欧大陆上的内陆腹地城市。

早期班列线路、服务网络的快速拓展,与各地普遍响应"一带一路"建设、积极开展探索、大力支持发展的实践密不可分;重庆早期探索建立的"五国六方"铁路联席会议制度,也为后期国际铁路协调机制的形成奠定了一定基础。此外,中欧班列的成功也在于较好地明确了政府和企业的责任,建立了政府引导与市场运作相结合的运作机制,既充分发挥了企业在市场经营中的主体作用,也更好发挥了政府优化发展环境的作用。

(二) 加强多层次多方式协调合作

中欧班列作为一种新型的国际铁路物流运输组织方式,涉及"一带一路"沿线多个国家和国际供应链中的众多市场主体,唯有共商共建共享,充分发挥对话、协商、协调作用,才能兼顾各方利益和关切,形成更加畅通的贸易运输体系。比如,中国铁路总公司(现为"国家铁路集团")与沿线国家铁路部门签署的《关于深化中欧班列合作协议》,以及据此成立的中欧班列运输联合工作组,健全了中欧班列的国际铁路协调机制,为此后一系列国际铁路运输规则的创新和完善奠定了重要基础。由各平台运营企业为主体共同组成的中欧班列运输协调委员会,发挥了国内市场主体协调和行业自律的作用,促进了行业健康有序发展。通过跨国海关协调机制,"安智贸"(中欧安全智能贸易航线试点计划)、"关铁通"(海关—铁路运营商推动中欧班列安全和快速通关伙伴合作计划)等新型通关模式得以加快推动。此外,在市场协调机制层面,不仅通过各类契约关系(如图 17.2 所示),推动运输模式和经营业态的创新,也通过成立合资平台公司,以资本为纽带,有效调动相关市场主体参与中欧班列运营的积极性。

值得一提的是,中欧班列全程经营人作为班列市场的中间层组织,在节约交易费用、将物流领域的多样化分散需求与具有规模经济特性的铁路运输集中供给进行有效匹配、提升国际供应链自主可控能力等方面发挥着极为重要作用。德国铁路企业在构建班列全程经营人方面所采取的深度嵌套货主企业供应链、开展国际化运营网络布局、灵活运用资本纽带等做法也值得国内铁路企业学习借鉴。

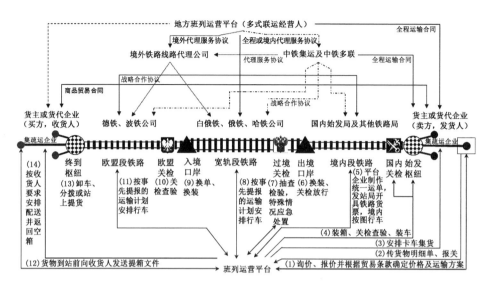

图 17.2　中欧班列运营流程及主要契约关系

资料来源：见王杨堃《现代多式联运的发展及其经济组织》，经济科学出版社，2019 年出版

（三）坚持创新驱动和底线思维

创新是中欧班列建设发展的主要动力，有关各方针对各类现实问题和需求，围绕运输组织、通关便利化、产品服务等方面开展了大量创新实践。比如，为简化货运手续，中国铁路尝试将国际货协运单（SMGS）和国际货约运单（CIM）整合为"国际货约/国际货协统一运单"，使"一单到底"成为新选择①。针对中欧班列沿途准轨段和宽轨段列车编组数量不统一、各换装口岸能力不匹配的问题，中国铁路在霍尔果斯、满洲里口岸探索开展列车"三并二""二并一"集并运输组织创新，提升了中哈、中俄双边口岸通过能力，提高了宽轨段线路能力利用率和换装作业效率。为提高中欧班列全程通关效率和便利化水平，沿线国家海关实施了"安智贸""关铁通"等新型通关模式，中国海关与铁路合作实现铁路"数字口岸"系统与海关总署"铁路舱单与运输工具"系统

---

①　长期以来，亚欧之间的铁路运输适用《国际铁路货物联运协定》（简称"国际货协"）和《国际铁路货物运送公约》（简称"国际货约"）两个协定，在其各自范围内分别使用国际货协运单（SMGS）和国际货约运单（CIM），国际铁路联运货物在两个协定参与国交界的边境站需要重新办理发运手续。

无缝对接,提升数字化通关水平。针对多元化、个性化、精细化的市场需求,沿线国家铁路、海关、物流企业等主体协同运作,打造定制化国际精品班列,开行国际运邮、跨境电商班列,推动中欧班列产品服务多元化。

此外,在中欧班列建设发展过程中,各部门、单位和地方始终坚持底线思维,坚决维护中欧班列作为国际公共产品的地位和作用,着力推进基础设施改造提升,消除"卡点"、打通"堵点"、突破"瓶颈",充分研判形势,果断采取应急举措,有效防范化解各类风险挑战。

四、中欧班列建设发展方向研判

(一) 贯彻新发展理念,聚焦高质量发展主题

高质量发展是中欧班列进入新发展阶段的主题,是提升整体质量和综合效益的总体要求,是中欧班列深入支撑"一带一路"建设的基本遵循,也是"交通强国,铁路先行",实现"自身强,强国家"的重要体现。

经过十多年的建设发展,中欧班列的开行规模、服务质量有了显著的提升,但在发展效益特别是在精准对接国际产业链供应链发展需求、延伸自身价值链增值服务以及支撑沿线国家和地区经济社会发展效益方面还有很大提升空间。

中欧班列的高质量发展,既衡量微观层面的服务质量,也考验宏观层面的支撑能力,根本目的是满足沿线各国人民日益增长的美好生活需要,核心引领是创新、协调、绿色、开放、共享的新发展理念。从供给看,要实现陆上货运物流体系的完整性,实现运营组织的网络化、数字化、智能化、绿色化,增强创新力、需求捕捉力、品牌影响力、核心竞争力,实现产品和服务的质量高。从需求看,要不断满足市场的个性化、多样化和不断升级的需求,实现需求引领供给体系和结构的变化,同时供给变革又不断催生新的需求。从投入产出看,要不断提高劳动效率、资本效率、土地效率、资源效率、环境效率和技术进

步贡献率，不断提升全要素生产率。从分配看，要实现投资有回报、企业有利润、员工有收入、政府有税收，充分反映各自按市场评价的贡献。从溢出效应体现的支撑能力看，需要实现从被动满足国际贸易运输需求，向主动引导国内国际供应链优化调整转变，有力促进亚欧大陆各经济体间的大循环、大联动。当前及今后一个时期，中欧班列高质量发展最重要的内涵目标，就是真正发展成为畅通国内国际双循环的血脉和纽带，努力打造成为提升国际竞争合作新优势的高能载体。

（二）平衡好政府与市场的力量，坚持行业市场化发展

行业市场化是中欧班列持续健康发展的根本保证，是提升行业整体竞争能力的客观要求，是优化资源要素配置的决定性因素，也是遵守国际规则、维护品牌声誉的重要体现。

十多年来，中欧班列的各类市场主体开展了大量探索实践工作，发挥了积极作用，但同时也部分存在体制机制约束、经营行为失范、自生能力不强等突出问题和风险挑战。

中欧班列市场化发展既要在国内领域深化行业体制机制改革，也要在国际领域适应制度型高层次开放，核心目的是提升中欧班列的国际竞争力和品牌影响力，基本原则是"市场运作、企业主体、政府引导"。从根本上看，中欧班列是市场经济发展的产物，更离不开企业市场主体的积极参与，只有充分发挥企业的主体作用，促进竞争返归市场本真，中欧班列才能具有长久生命力，才能获得持续、健康的发展。从国际市场看，中欧班列所属的国际货运物流领域，总体上具有高度竞争的市场结构特征，在竞争行为上也有相应的国际规则加以规范。从资源配置的作用机制看，一方面，要充分发挥市场在资源配置中的决定性作用，就是要尊重企业主体地位，遵循市场规律，坚决杜绝不计代价盲目开行或扩大规模的行为，鼓励支持创新提升服务质量的公平竞争行为；另一方面，要更好发挥政府作用，就是要着力在完善体制机制、营造良好发展环境、规范不良竞争、弥补市场失灵上下功夫，要坚决防止盲目扩大趋势，避免损失和负面影响。只有这样，才能更好地激发出中欧班列的创新

活力和充沛动力,真正成长为具有核心竞争力、品牌影响力和持久生命力的国际公共产品。

(三) 加强协调与联动,坚持区域协同化发展

区域协同化是中欧班列协调创新发展的关键手段,是提升区域发展战略支撑能力的必然要求,是形成开放发展合力的必由之路,也是统筹区域发展,推动区域经济优势互补的重要体现。

十多年来,大多数地方在推动中欧班列建设发展的同时,也为本地开放型经济发展带来正向溢出效应,但也存在部分地方定位不够清晰、与地方经济发展融合不强、区域间协调联动不足等问题。

中欧班列区域协同化发展既要求"同",也要立"异",主要目标是增强区域联动发展合力,关键举措是区域政策的精准性和协同性。中国区域经济发展已进入"海陆并重"时代,既强调沿海先发地区的"圈状辐射",也重视内陆开放高地的"带状引领"。中欧班列依托新亚欧大陆桥实现了陆海联通,形成了东西双向互济的局面,各地区应深刻把握这种因设施大联通而造就的协同联动发展机遇,大力发展枢纽经济、通道经济、平台经济、门户经济等能够引导和优化产业布局的现代物流经济新业态。从中国区域经济发展战略变化看,政策作用单元已更加精准和细化,作用机理也更加强调基于协同的体制机制创新。这些变化有助于优化中欧班列发展的国内市场环境,各地区应积极加强规划衔接和政策协同,使中欧班列的发展深度契合区域发展战略要求和地方发展现实需要。在资源整合上,各地政府应更好发挥引导作用,积极求"同",在设施网络化建设、公共信息服务、产业承接转移、专业人才培养等方面加快合作,建立健全利益共享机制,协调完善区域支持政策,共同优化区域发展环境。在谋篇布局上,则应充分发挥自身特色优势,着眼立"异",结合自身区位、资源、产业特点,积极开展探索创新,合理布局线路和运能运力,调整优化发展路径,做大做强自身优势,在区域间实现互补融合发展。只有这样,中欧班列才能充分发挥规模经济效应,有效释放牵引产业发展的潜能,真正成为加快构建新发展格局的先行军和生力军。

（四）统筹发展与安全，坚持通道多元化发展

通道多元化是中欧班列安全稳定发展的重要保障，是提升通道运输能力的迫切要求，是应对国际风险挑战的积极行动，也是深化拓展国际合作，实现更加开放、更加包容发展的重要体现。

十多年来，中欧班列基本形成境内三大通道、境外多条路径的运行网络，但随着开行规模的持续增长，境内外部分口岸和运输区段的能力也日趋紧张，加之地缘政治冲突、经贸范围拓展等因素影响，通道多元化发展受到各方的更多期待。

中欧班列通道多元化发展既是当务之急，也是长远之策，主要目的是增强发展的稳定性、自主性和包容性，基本原则是坚持共商共建共享。从近期的重点看，要在尽可能提升境内外瓶颈节点能力的基础上，积极拓展能够绕避瓶颈区段和节点的运行线路。从中长期的目标看，要努力开发运行新路径，在增强韧性的基础上，实现更多沿线国家间经贸合作的同频共振。实现通道多元化发展的关键是要从深化经贸合作、寻求利益共同体的角度进行突破，过程中要深刻把握基础条件和形势变化，深入对接沿线国家发展需要，真正建设出一条各国共享繁荣的阳光大道，让中欧班列发展成为满足多元化市场需求的"金牌服务商"。

第 18 章
保障"21 世纪海上丝绸之路"通道安全[①]

　　"21 世纪海上丝绸之路"是中国通过海洋联通亚洲其他国家、非洲以及欧洲沿海国家的重大战略通道,是中国构建"双循环"新发展格局的重要组成,是与沿线国家经贸、人文交流的重要途径,更是中国重要的资源、能源类战略物资运输的海上生命线。持续保障"21 世纪海上丝绸之路"通道安全关系国计民生,对于扎实推进高质量共建"一带一路"意义重大。

一、"21 世纪海上丝绸之路"通道现状

　　"21 世纪海上丝绸之路"穿越太平洋、印度洋,辐射范围包括了亚洲、非洲、欧洲、大洋洲,连接了 60 多个国家和地区,根据"21 世纪海上丝绸之路"重点建设方向,运输大通道的总体布局为从中国沿海港口出发,联通东南亚、南亚、西亚、北非、东非、大洋洲和欧洲大部分地区国家的沿海港口,呈现出"一横一纵"两大主要运输干线通道。"一横"为中国沿海港口出发向西,最终抵达欧洲国家的西向通道。"一纵"为中国沿海港口出发向南,最终抵达南太平洋国家的南向通道。

　　根据通道联通的目的国不同,西向大通道可划分为五条主要子通道,即

---

① 本部分与周然、朱乐群、李晓君、郑霖等合作完成。

泰国湾通道、孟加拉湾通道、波斯湾通道、东非通道，以及中东欧通道，如表18.1所示。

表18.1 西向大通道

子通道	具体通道走向	主要联通国家
泰国湾	中国沿海诸港—南海—泰国湾	越南、泰国、柬埔寨
孟加拉湾	中国沿海诸港—南海—马六甲海峡—安达曼海—孟加拉湾	印度、孟加拉国、缅甸
子通道	具体通道走向	主要联通国家
波斯湾	中国沿海诸港—南海—马六甲海峡—安达曼海—阿拉伯海—霍尔木兹海峡—波斯湾	印度、巴基斯坦、伊朗、沙特阿拉伯
东非	中国沿海诸港—南海—马六甲海峡—印度洋—东非	肯尼亚、坦桑尼亚
中东欧	中国沿海诸港—南海—马六甲海峡—印度洋—曼德海峡—红海—苏伊士运河—地中海—中东欧港口/黑海—中东欧港口	新加坡、马来西亚、印度尼西亚、斯里兰卡、罗马尼亚、保加利亚、斯洛文尼亚、爱沙尼亚、克罗地亚、阿尔巴尼亚、黑山、乌克兰、俄罗斯

南向大通道可划分为三条主要的子通道，即澳西通道、澳新通道和南太平洋通道，如表18.2所示。

表18.2 南向大通道

子通道	具体通道走向	主要联通国家
澳西	中国沿海诸港—南海—巽他海峡—澳大利亚西南部港口 中国沿海诸港—南海—民都洛海峡—望加锡海峡—龙目海峡—澳大利亚西北部港口	马来西亚、菲律宾、文莱、印度尼西亚、澳大利亚
澳新	中国沿海诸港—南海—民都洛海峡—苏禄海—马鲁古海峡—托雷斯海峡—澳大利亚东部与新西兰港口	菲律宾、印度尼西亚、东帝汶、巴布亚新几内亚、澳大利亚、新西兰
南太平洋	中国沿海诸港—南海—巴士海峡—南太平洋岛国	菲律宾、巴布亚新几内亚、新西兰、斐济、汤加等

　　"21 世纪海上丝绸之路"主要途经了 14 个海峡、运河等关键节点,包括马六甲海峡、霍尔木兹海峡、曼德海峡、巽他海峡、望加锡海峡、民都洛海峡、台湾海峡、巴士海峡、巴拉巴克海峡、卡里马塔海峡、龙目海峡、马鲁古海峡、托雷斯海峡及苏伊士运河。

二、"21 世纪海上丝绸之路"通道主要安全威胁

　　"21 世纪海上丝绸之路"通道是一个涉及众多自然因素与人文政治环境因素的综合复杂系统,传统安全威胁与非传统安全威胁相互交织,错综复杂,既有海上复杂自然环境变化所导致的自然风险,也有沿岸国家及地区人为活动所引起的突发性安全、政治、军事风险等。

　　西向通道横穿政治军事环境复杂以及恐怖主义袭击和海盗威胁最为频繁的马六甲海峡、中东地区和北非地区三大敏感海域。主要安全威胁包括海盗、恐怖主义、政治冲突与海上自然灾害。其中南海、马六甲海峡水域一直存在海盗威胁,每年 7—10 月还存在台风影响;孟加拉湾区域每年 4—5 月与 10—12 月存在热带风暴影响,并且存在斯里兰卡国内恐怖组织在该区域内活动影响;阿拉伯海靠近南亚区域每年 6—8 月存在季风暴影响;波斯湾区域存在索马里海盗活动影响,以及该区域政治冲突威胁;南印度洋东非海岸同样存在索马里海盗袭击影响,并且每年 5—6 月与 10—11 月存在热带风暴影响;亚丁湾红海区域是海盗袭击的高发区,同时该区域沿岸国家也存在政局动荡的政治风险,如图 18.1 所示。

　　南向通道总体安全形势好于西向通道,但仍存在一定的威胁因素,菲律宾附近海域,属于台风频发区,望加锡海峡区域属于海盗多发区,龙目海峡水域每年 1—4 月为飓风高发期,民都洛海峡附近存在海盗威胁,每年 7—10 月存在台风影响,托雷斯海峡区域每年 1—4 月存在飓风影响,如图 18.2 所示。

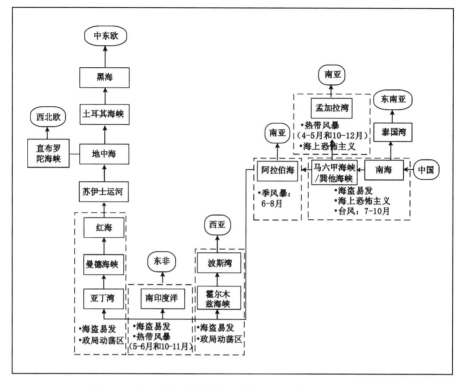

图 18.1 "21 世纪海上丝绸之路"西向通道主要安全威胁

三、保障"21 世纪海上丝绸之路"通道安全面临的问题

"21 世纪海上丝绸之路"通道安全保障工作涉及主体众多,形势复杂,存在一系列问题。

一是马六甲关键性节点制约明显。从"21 世纪海上丝绸之路"海上运输通道与海峡节点的分布情况来看,中国对马六甲海峡等重要通道的依赖较为严重。西向航线中,除了中国至泰国湾区域航线外,其余航线都会途经马六甲海峡。根据贸易数据分析的结论,超过 80% 的中国石油进口以及 60% 以上的液化天然气运输通过马六甲海峡。马六甲海峡的安全成为影响中国与南亚、非洲和欧洲海上贸易畅通性的关键一环,掌握马六甲海峡,就等于掌握了中国与南亚、非洲和欧洲贸易的咽喉。因此,重要通道的畅通安全是互联互通实现的重要环节,对海上运输重要节点的安全保障工作仍需进一步加强,以确保中国与"一路"沿线国家海上运输通道的畅通安全。

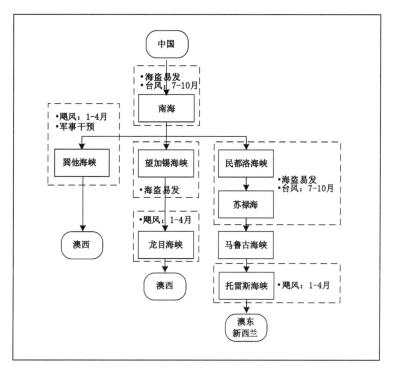

图 18.2　"21 世纪海上丝绸之路"南向通道主要安全威胁

二是保障制度体系缺位。"21 世纪海上丝绸之路"水运安全保障缺乏统一领导机制,保障资源无法由统一机构调配,在突发事件发生时,仅仅是由部际协调会议进行磋商与协调相关救援保障力量进行应急。此外,针对"21 世纪海上丝绸之路"水运安全保障,中国尚未形成完善的法律预案体系来指导相关的力量与机构来实施保障活动。

三是缺乏中国主导的国际政府间协调机制。"一带一路"倡议自提出以来,得到了沿线国家的积极响应与配合,很多问题的解决得益于沿线国家积极合作的态度以及与中国建立的磋商机制。当前,中国与"一路"沿线国家交通运输国际交流窗口与合作机制主要是联合国亚太经社会、国际运输论坛、大湄公河次区域经济合作、马六甲海峡合作机制、国际海事组织、中国—东盟交通部长会议与亚欧交通部长会议。但在加速推进通道安全保障工作中，还需基于"共商、共建、共享"原则，进一步建立以我为主的安全保障合作问题的磋商协调机制。

四、"21 世纪海上丝绸之路"通道安全保障的重点

马六甲海峡是中国石油等战略物资进口的咽喉要道，是中国与"21 世纪海上丝绸之路"沿线国家互联互通最为关键的战略通道，也是中国海上战略通道安全畅通的最大制约，保障中国海上战略通道安全畅通的工作应重点针对马六甲海峡展开。

一是围绕马六甲海峡周边进一步增加商业存在。在现有同新加坡、马来西亚、印度尼西亚三国合作的基础上，增加马六甲海峡周边地理区域的合作布局，可在进一步巩固与马来西亚关丹港、皇京港的合作基础上，考虑与马六甲海峡北端的马来西亚巴生港、海峡南端的丹戎帕拉帕斯港、印度尼西亚的占碑港开展合作。

二是考虑绕行巽他海峡作为马六甲海峡的突发替代方案。当马六甲海峡因突发情况导致通行能力受到严重影响时，通过选择巽他海峡替代路线，可在一定程度上维持战略通道的畅通能力。

三是进一步打通海陆循环通道。将"21 世纪海上丝绸之路"与"丝绸之路经济带"运输通道相衔接，通过海运通道与陆运通道相连接的方式，减轻对马六甲海峡运输的依赖。进一步推进中巴喀什至瓜达尔陆上交通发展，建设喀什内陆港，将货物由海上通道经巴基斯坦瓜达尔港或缅甸皎漂港转移至陆上通道，然后分别从新疆、云南口岸运输至中国。

四是持续关注泰国境内克拉运河项目进展。寻找合适的参与机会与参与方式。克拉运河在经济与战略两个维度均具备重要意义，运河开通将使"21 世纪海上丝绸之路"西线通道到达印度洋缩短 2 000 海里，带来西线海上运输经济效益的大幅提升，同时有效缓解对马六甲海峡的战略依赖，马六甲

海峡将不再是中国唯一联通欧洲、非洲的运输通道,如果该项目在未来能够实施,将会一举改善当前的战略通道安全局面。

综合来看,四项工作中短期可先进行与马来西亚、印度尼西亚的合作,探讨推进;中期可逐步实现海陆通道的结合,进一步合作建设巴基斯坦港口及集疏运基础设施;长期来看,由于克拉运河项目所需投资额巨大,泰国基础设施建设资金又长期存在缺口,同时其南部一些地区长期存在分离意识,在南部局势稳定之前,出于国家安全考虑,克拉运河项目难以在短时间内取得进展,需要持续关注。此外,对于北极航道通航保障能力建设应持续投入。

五、增强"21 世纪海上丝绸之路"通道安全保障的建议

一是开展通道安全保障领域低敏合作。针对海上运输长期存在的自然灾害、海盗及恐怖主义袭击等安全威胁,按照由近至远的思路,逐步开展近洋、远洋水运安全保障的低敏项目合作。深度参与国际海事组织和马六甲海峡航行安全合作等多边与地区性海事事务,通过项目合作等多种方式扩大中国在海事事务中的话语权和影响力;加强海上搜救合作,完善海上搜救基地布局,重点推进南海、印度洋搜救基地建设。利用海上普遍管辖权,通过开展与有关国家海上安全力量的联合护航等措施共同打击海盗和海洋恐怖主义。

二是通过科技创新加强安全合作。科技合作是"一带一路"建设的重要内容。近年来国际安全形势面临越来越多的高科技威胁,如恐怖组织和恐怖分子在武器制作、信息传递、情报获取、爆破技能等方面表现出越来越强的科技渗透能力,需要沿线国家之间加强合作研究和联合攻关,共享科技成果和创新经验,促进共同安全和可持续安全。一方面,在"一带一路"沿线气候变化、自然灾害监测、生态环境治理等领域加强合作,为海上运输安全面临的自然灾害威胁提供科技支撑;另一方面,以科技创新促进安全合作,在反恐、打击海盗、禁毒等安全问题的应对中发挥科技创新作用,增强应对海盗和海洋恐怖主义的能力。

三是加强全球安全预警和防范机制建设。"21 世纪海上丝绸之路"沿线国家安全形势的复合性和多边性、地缘政治的复杂性、地理位置的特殊性等都对安全预警带来不小的难度。要强化国别分析和风险评估，全面评估沿线局势风险，加强对一些地区未来局势的预测研究，准确评估不同国家或地区具体安全问题对"一带一路"造成的安全威胁。树立风险防范意识，建立全球安全预警和防范机制，在全面评估风险的基础上，建立有效安全预警机制，定期发布动态信息，构建行之有效的多边危机与应急管理系统，加强事后应对与处置能力，将可能的风险减少到最低。

四是布局海外支点港口。"一带一路"沿线国家众多，各国在人口、经济、资源、地缘位置、辐射能力、安全形势以及参与意愿等方面不尽相同，为高效率、高起点、低风险地推进"一带一路"建设，需精心选择支点港口予以优先推进，然后以点建线，以线带面。在支点港口的选择上，首先考虑中国主要贸易国的重点港口，它们是重要货物的下水港，是影响水运安全及海上贸易的重要节点。其次应以海上运输通道涉及关键海峡及运河的节点港口为重点。这些关键节点往往伴随着重大风险威胁，需要中国尽快布局安全保障能力。

五是支持企业参与海外港口营运。以中远海运集团投资希腊比雷埃夫斯港为例，比雷埃夫斯港已一跃成为地中海地区的枢纽港，为中国加强与中东欧国家在国际产能和装备制造合作、打通中国—中东欧新航路提供了可靠保障。因此，要将企业投资海外港口项目与高层互访等外交活动结合起来，为企业投资、运营沿线港口、码头提供支持，鼓励企业积极参与海外港口实质性运营，扩大控股运营海外港口的规模。

政策篇

第 19 章
物流业发展评价指标体系

一、评价指标体系设计的基本原则

对物流业发展进行评价,是了解物流业发展状况的基本前提,它可以通过设计一套评价指标体系来实现,其设计应遵循以下原则。

1. 系统性原则

评价指标体系应系统、全面。物流业涉及领域广泛,为全面、客观反映物流业发展,指标选取应尽可能涵盖物流业的各个方面。

物流业时空耦合、动静结合特征要求从数量、质量、时间、空间等多个角度来表征物流业的发展。从静态角度来看,物流业发展涉及规模、结构形式、要素关系、配置格局等空间性质;从动态角度来看,涉及物流业沿革、系统演替、趋势判断、过程预测等时间性质。

2. 多维的原则

评价需要注重多个维度:①发展的维度。侧重的是"量"的概念,强调物质的积累。②协调的维度。侧重的是"质"的概念,强调物流业发展中人的行为规范。③持续的维度。侧重的是"时间"的概念,强调从时间维度上把握物流业的协调发展。

3. 逻辑性原则

指标体系既能够用来分析物流业内部要素之间以及物流系统与环境之间的相互作用、相互制约的本质特征，充分考虑时间效应和空间效应对物流业结构和功能的影响，又能准确刻画物流业内部以及物流业与外部环境之间的相互作用和影响，从而达到对物流业发展的内在本质和外部特征的综合认识。

4. 可行性原则

指标体系力求选择含义清晰，具有现实统计依据且易于整理的指标。指标应测算方法科学、规范。评价需要一个可量化的衡量标尺，避免人为主观因素影响，以达到客观评价的标准。对于一些难以量化但意义重大的指标，也可用定性指标来描述。同时，进行横向和纵向比较，所选取的指标在含义、统计口径和时空上要有可比性。

评价指标应以统计年鉴、统计公报等公开数据为基础，确保评价的客观性。统计数据必须客观、真实，并与统计部门发布的其他经济信息相互补充和检验。

5. 动态性原则

物流业发展是一个动态过程，评价也非一成不变。评价物流业发展要通过一定的时间尺度进行动态刻画。相关指标应具有时间概念，能描述和度量未来发展趋势，评价指标体系应根据不同时期关注的重点作相应的调整。

二、评价指标体系的基本架构

根据建立评价指标体系的基本原则，结合物流业发展特点与趋势，考虑指标体系应反映物流业的内在特征和本质，设置一级内部评价指标；同时，考虑物流业发展与外部环境又存在着相互影响,相应设置一级外部评价指标。

一级内部评价指标下设 7 项二级评价指标,并进一步展开为 56 项三级指标;一级外部评价指标下,设置 4 项二级评价指标,并进一步展开为 16 项三级评价指标。

表 19.1 给出了具体的物流业发展评价指标体系。

表 19.1 物流业发展评价指标体系

一级指标	二级指标	三级指标	单位	指标性质
物流业内部评价指标	物流业规模	物流业产值	亿元	正向
		物流业增加值	亿元	正向
		物流业固定资产投资额	亿元	正向
		货物运输量	万吨	正向
		货物运输周转量	万吨公里	正向
		仓库吞吐量	万吨	正向
	物流业结构	运输型物流企业服务值占全社会物流业总产值的份额		正向
		仓储型物流企业服务值占全社会物流业总产值的份额		正向
		邮政快递企业服务值占全社会物流业总产值的份额		正向
		综合型物流企业服务值占全社会物流业总产值的份额		正向
		供应链服务企业服务值占全社会物流业总产值的份额		正向
		平台型物流企业服务值占全社会物流业总产值的份额		正向
	物流要素	物流业从业人员数	万人	正向
		大专及以上学历人员占全部物流从业人员比例		正向
		物流信息平台建设率		正向
		物流企业信息化比例		正向
		智能化装备技术利用率		正向

（续表）

一级指标	二级指标	三级指标	单位	指标性质
物流业内部评价指标	物流基础设施	公路里程	万千米	正向
		铁路里程	万千米	正向
		内河航道里程	万千米	正向
		港口泊位数	个	正向
		航空运输机场数	个	正向
		运输管道长度	千米	正向
		仓库面积	万平方米	正向
		物流网点数（包括仓储、流通、配送、邮政快递、电商物流等网点）	个	正向
	物流业发展能力	物流总费用占 GDP 的比重		负向
		物流行业企业主营业务利润率		正向
		国内市场占有率		正向
		国际市场占有率		正向
		物流企业对外直接投资额	亿元	正向
		国际物流网络节点与连线数量	个	正向
		通关效率		负向
		物流业与其它产业互动程度		正向
		物流科技成果申请专利数占全国专利申请量比例		正向
		创新绩效		正向
		供应链物流系统柔性指数		正向
		物流企业标准化程度	专家打分	正向
		物流市场规范程度	专家打分	正向
		物流服务客户满意度		正向
		多式联运能力（联运方式间平均逗留时间）	小时	负向
		全年库存周转次数	次	正向
		从事特种物流的企业数量	个	正向
		物流应急抗风险水平	专家打分	正向
		物流安全评估达标率		正向

（续表）

一级指标	二级指标	三级指标	单位	指标性质
物流业内部评价指标	物流业发展潜力	物流业增加值增长率		正向
		物流投资率		正向
		物流需求量增长率		正向
		物流业从业人员增长率		正向
	物流业绿色可持续能力	物流环保投入比例		正向
		可再生资源回收转化率		正向
		可替代绿色能源使用率		正向
		物流包装循环利用率		正向
		主要空气污染物和二氧化碳的年排放量	万吨	负向
		水域污染物的年排放量	万吨	负向
		货运能源年消耗量	万吨标准煤	负向
		物流设施对土地资源占用率		负向
物流业外部评价指标	经济发展水平	GDP	亿元	正向
		人均 GDP	万元	正向
		第三产业占 GDP 比重		正向
	生产消费与流通	工业总产值	亿元	正向
		农业总产值	亿元	正向
		社会消费品零售总额	亿元	正向
		城镇居民人均可支配收入	万元	正向
	政府政策导向	进入和退出管制	专家打分	正向
		融资管制	专家打分	正向
		质量管制	专家打分	正向
		信息管制	专家打分	正向
		价格管制	专家打分	正向
	社会信息通信建设	邮电业务总量	万元	正向
		互联网普及率		正向
		移动通信普及率		正向
		信息传输、软件和信息技术服务从业人员数	万人	正向

表 19.1 所示的三层指标体系，每一层都细化了具体的分项指标，包括定量指标和定性指标，力求比较全面、客观地反映物流业发展的整体情况。

（一）物流业内部评价指标

物流业内部评价指标从规模、结构、要素、基础设施、发展能力、发展潜力、物流绿色可持续等七个维度反映物流业内部的发展特点和发展情况。

1. 物流业规模

物流业规模是指运输、储存、包装、装卸搬运和流通加工等物流作业量。

（1）物流业产值

物流业的产值是在一定时期内调查范围内的物流企业所创造的总的经济价值。

（2）物流业增加值

物流产业增加值是指物流产业在一定时期内通过物流活动为社会提供的最终成果的货币表现。物流业增加值是反映物流业发展的核心指标之一。

（3）物流业固定资产投资额

物流业固定资产投资额是指用于建设及购买物流业固定资产的所有事项的货币总额。物流业固定资产投资额反映物流业的发展速度及其业务分布，是发展方向及发展策略的基础支持。

（4）货物运输量

货物运输量是指运输企业在一定的时期内实际运送的货物总量。货运量是反映企业运输生产成果的指标。

（5）货物运输周转量

货物周转量是指各种运输工具在一定时期内完成的每次运输重量和其运输距离乘积的代数和，其计算公式是：

$$货物周转量 = 实际运送货物吨数 × 货物平均运距。$$

货物周转量反映运输活动的活跃程度和经济效益。

（6）仓库吞吐量

仓库吞吐量是反映物资部门仓储企业生产规模的重要指标。计算公式是：

仓库吞吐量＝物资进库量＋物资出库量＋物资直拨量。

2. 物流业结构

物流产业结构从功能结构来看，由专业性的仓储、运输等机构及各类配送中心等构成；从权属机构来看，由生产、批发、零售及第三方物流企业等构成。

（1）运输型物流企业服务值占全社会物流业总产值的份额

运输型物流企业是以从事货物运输服务为主，包括小件包裹、快递服务或代理运输服务，并包含其他物流服务活动，具备一定规模的实体企业。

（2）仓储型物流企业服务值占全社会物流业总产值的份额

仓储型物流企业是以从事区域性仓储服务为主，包含其他物流服务活动，具备一定规模的实体企业。

（3）邮政快递企业服务值占全社会物流业总产值的份额

邮政快递企业是指具备邮递功能的"门对门"物流活动所衍生出的服务类企业。

（4）综合型物流企业服务值占全社会物流业总产值的份额

综合型物流企业是指为公司提供全部或部分物流服务的外部供应商。其提供的物流服务一般包括运输、货代、仓储管理、配送等综合性服务。综合型物流企业既非生产方，又非销售方，一般不拥有商品，只为客户提供综合物流服务。

（5）供应链服务企业服务值占全社会物流业总产值的份额

供应链服务企业是指以信息化、网络技术为支撑，打造一站式供应链整合服务平台，专业承接企业的非核心业务外包，专注为客户公司提供全方位、一站式的供应链物流增值服务的实体企业。

（6）平台型物流企业服务值占全社会物流业总产值的份额

"互联网＋物流"为物流业打开了无限创新的空间，一些平台型物流企业通过互联网等新技术，利用信息技术、整合能力以及其他资源提供一套完整的供应链解决方案,促进物流业结构性、技术性"降本增效"。

3. 物流要素

物流要素是指从事物流活动所需的各类资源要素,包括人力资源、信息资源、装备技术等。

(1)物流业从业人员数

物流业从业人员数反映从事物流业的人员规模,体现了物流业人力资源的现有状况,是反映提供物流服务能力大小的评价指标。

(2)大专及以上学历人员占全部物流从业人员比例

大专及以上学历人员占全部物流从业人员比例的大小,反映了物流业专业人才的储备程度,体现了物流业对专业技术的学习及创新的能力。

(3)物流信息平台建设率

物流信息平台建设率是指港口、机场、货运站等公共物流节点建立物流信息管理平台的比例。

(4)物流企业信息化比例

物流企业信息化比例即拥有联网计算机管理系统的物流企业数占物流企业总数的比例。在大数据的背景下,物流企业信息化比例是衡量物流系统发展的重要指标,反映了企业的信息获取加工能力和数据分析处理能力。

(5)智能化装备技术利用率

智能化装备技术利用率是指物联网核心技术(传感器技术、RFID 标签技术、嵌入式系统技术)、GPS 定位系统、大数据、云计算、无人机、产业机器人等在物流领域的渗透程度。智能化装备技术利用率可以通过采用智能化装备技术的物流企业数占物流企业总数的比例来衡量。

4. 物流基础设施

物流基础设施是指为实现供应链整体或某些环节的服务功能,满足物流运营需要的、具有综合或单一功能的场所或组织的统称,主要包括公路、铁路、机场、港口、流通中心等。物流基础设施是发展物流业的硬件条件,决定了物流业的服务质量和运营效率。

（1）公路里程

公路里程是反映公路建设发展规模和物流运输通达性的主要指标，是地区经济发展程度和对外聚集、疏散能力的重要体现。公路里程也是影响物流运输效率的重要因素。

（2）铁路里程

铁路营业里程是反映铁路运输业基础设施发展水平的重要指标。

（3）内河航道里程

内河航道里程是指在一定时期内能通航运输船舶的天然河流、运河、湖泊、水库及通航渠道的长度，是反映内河水运网发展规模和发展水平的主要指标。

（4）港口泊位数

港口泊位数是指港区内可供船舶停靠的位置数量。

（5）航空运输机场数

航空运输机场数是指可用于货物航空运输的机场数量。

（6）运输管道长度

运输管道长度反映了以管道为运输工具的长距离输送液体和气体物资的运输能力和运距。管道运输是统一运输网中干线运输的特殊组成部分。

（7）仓库面积

仓库面积是反映仓储能力的重要指标。仓库按货物特性可分为通用仓库、立体仓库、冷链仓库、危化品仓库、恒温仓库以及其他特殊仓库等。

（8）物流网点数

物流网点数是物流硬件条件好坏的重要指标。物流网点是物流设施的基础组成部分，是物流服务网络的基本组成要素，可进一步细分为仓储中心、流通中心、配送中心、快递网点、邮政网点、电商物流网点，以及解决"最后一公里"的末端(社区、乡村)网点等。

5. 物流业发展能力

物流发展能力主要从物流费用水平、物流业盈利能力、物流市场竞争力、物流国际化能力、产业联动、物流科技创新、供应链效率、物流信息化、物流标准化、物流市场秩序、客户满意度、应急抗风险能力、物流安全、特种物流等方面来反映。它是构成物流业发展水平的最直接因素。

（1）物流总成本占GDP的比重

物流成本占GDP的比重是衡量一个国家物流业发展水平的重要指标。当前，中国物流成本偏高的问题依然突出。

（2）物流行业企业主营业务利润率

物流行业企业主营业务利润率是指物流企业在一定时期内主营业务利润同主营业务收入的比率，是评价物流企业盈利能力的主要指标。

$$主营业务利润率 = 主营业务利润/主营业务收入 \times 100\%。$$

（3）国内市场占有率

国内市场占有率是指在国内各行业中，中国企业物流服务产值所占的比重。它反映了中国物流企业对国内市场的控制能力、竞争地位和盈利能力。

$$国内市场占有率 = \frac{某行业内中国企业物流服务产值}{该行业物流服务总产值} \times 100\%。$$

（4）国际市场占有率

国际市场占有率是指在全球各行业中，中国物流服务产值所占的比重。它反映了中国物流企业对国际市场的控制能力和国际竞争力。

$$国际市场占有率 = 中国物流服务产值/全球物流服务产值 \times 100\%。$$

（5）物流企业对外直接投资额

在全球化的背景下，物流企业对外直接投资额反映了物流企业"走出去"的国际核心竞争力和抵御外部风险能力。

（6）国际物流网络节点与连线数量

国际物流网络是指由多个收发货的"节点"和它们之间的"连线"所构成的物理网络，以及信息网络组成的有机整体。国际物流节点是指从事与国际物流相关活动的物流节点。国际物流连线是指连接国内众多收发货节点间的运输线，实质上是国际物流流动的路径。国际物流网络节点与连线数量反映了国际物流网络的布局能力和发达程度，是物流业国际化能力和参与全球治理能力的重要体现。

（7）通关效率

通关效率是指从报关开始到报关结束后放行，物流企业所用时间占总的开关时间的比重。货物通关效率高，则货物可以快速通过海关这个节点。通关效率反映了口岸的竞争能力和辐射能力，是国际物流效率的重要体现。

（8）物流业与其他产业互动程度

物流业与其他产业互动程度可用其他产业物流外包程度来衡量，其计算公式是：

其他产业的企业外包物流服务总值/其他产业物流服务总值×100%。

（9）物流科技成果申请专利数占全国专利申请量比例

物流科技成果申请专利数的占比反映了物流技术创新产出的能力。

（10）创新绩效

创新绩效是指物流企业实施制度创新、管理创新、技术创新、服务创新、组织创新、模式创新等带来的价值增加，可以用企业业务额的增加来衡量。创新绩效可通过如下计算来衡量：

新开发的物流服务收入/物流服务总收入×100%。

（11）供应链物流系统柔性指数

供应链物流系统柔性指数反映物流企业提供的供应链物流服务对顾客个性化需求或特殊要求的响应能力。可通过如下计算来衡量：

$$\frac{\text{同一时间段内按照顾客要求完成的特殊订单数量}}{\text{同一时间段内系统收到的所有来自客户的特殊订单数量}} \times 100\%。$$

（12）物流企业标准化程度

标准化是实现物流业现代化的基础。物流标准化主要从设备标准化、术语标准化和物流信息系统的标准化三方面衡量。物流企业标准化程度由物流专家打分评价。

（13）物流市场规范程度

物流市场规范程度是衡量物流市场发展规范与合理性的重要指标。只有符合市场秩序的规范市场才能发挥资源配置的决定性作用。市场秩序包括市场进出秩序、市场交易秩序、市场竞争秩序等。物流市场规范程度由物流专家打分评价。

（14）物流服务客户满意度

物流服务客户满意度是客户对物流服务满意程度的感知性评价指标，可进一步分为可得性满意程度、快速响应性满意程度、可靠性满意程度、服务专业性满意程度、服务完整性满意程度、服务个性化满意程度等。可通过如下计算来衡量：

同一时间段内物流客户满意订单数/同一时间段内完成的所有订单数×100%。

（15）多式联运能力

多式联运能力是指实现铁路、公路、水路等不同运输形式之间无间歇连接的能力，一般可用反映多式联运顺滑性的"联运方式间平均逗留时间"来衡量。逗留时间越短，则多式联运能力越强。

（16）全年库存周转次数（库存周转率）

全年库存周转次数是指某一地区全年商品销售总额占平均库存总额的比重，反映一年中库存流动的速度。其计算公式为：

库存周转次数＝商品销售总额/平均库存总额×100%。

其中，

平均库存总额＝（期初存货额＋期末存货额）/2。

（17）从事特种物流的企业数量

特种物流是相对于普通货物物流之外的特殊物流形式，特种物流的对象包括危险品、冷冻食品、大件超重物品、医药用品等等。从事特种物流的企业数量在一定程度上反映了特种物流的服务能力和发展水平。

（18）物流应急抗风险水平

物流的应急能力是指以追求时间效益最大化和突发事件造成损失最小化为目标的单向或双向的特种物流活动的能力。物流应急抗风险水平由物流专家打分评价。

（19）物流安全评估达标率

物流安全涵盖整个物流系统和物流过程的安全，包括物流运输安全、存储保管安全、装卸搬运安全、包装安全、流通加工安全、配送安全、信息安全、供应链安全和资金流安全等。物流安全评估是指依据一定的原则、程序、法律法规和规范标准，对物流安全管理中的物质危险有害因素、生产过程危险有害因素、重大危险源因素、自然灾害因素、职业病危害因素等进行综合分析评价。

物流安全评估达标率＝物流安全评估达标项目数/实施的物流项目数×100%。

6. 物流业发展潜力

物流业发展潜力主要从物流业增加值、物流投资、物流需求、物流从业人员等方面反映物流经济的增长态势，它体现了物流业的可持续发展趋势和发展方向。

（1）物流业增加值增长率

物流业增加值增长率反映物流运行效益的增长趋势，它与同期 GDP 增速比较可以反映物流业对国民经济增长的贡献大小的变化。

（2）物流投资率

物流投资率是物流业固定资产投资与物流业增加值的比率，若高于同期国民经济投资率，则表明这一时期的物流业发展更趋向于粗放式的量的扩张。

（3）物流需求量增长率

物流需求量增长率反映了物流需求规模的变化趋势，它体现了物流市场的潜力大小。

（4）物流业从业人员增长率

物流业从业人员增长率反映了物流行业人才规模的增长情况及储备水平，从人力资源的角度体现了物流业的发展潜力对物流人才的需求。

7. 物流绿色可持续能力

评价物流业发展不仅要注重其创造的经济效益，同时也要注重对生态环境造成的影响。必须从环境影响和能源消耗两方面着手，以绿色可持续的观点看待物流业的发展。

（1）物流环保投入比例

物流环保投入是指用于降低物流作业过程中对环境造成的污染和影响而投入的资金，体现了某一地区的物流业发展对环境保护的实际重视程度。

物流环保投入比例＝物流环保投入资金/物流总成本×100%。

（2）可再生资源回收转化率

提高可再生资源回收转化率是提高资源利用率，实现经济可持续发展的重要举措。

可再生资源回收转化率＝可再生资源回收转化量/可再生资源使用量×100%。

（3）可替代绿色能源使用率

可替代能源一般指以不耗尽天然资源或危害环境的方式作为燃料的能源（《牛津词典》）。物流行业应积极参与可替代能源和可再生能源的开发和利用，以减少对资源的消耗和生态环境的污染。

可替代绿色能源使用率＝可替代绿色能源使用量/能源消耗总量×100%。

（4）物流包装循环利用率

包装是物流作业中原料资源消耗最大的环节，有必要单独进行绿色化控制。物流包装过度、循环利用率低等现象普遍存在，导致了大量包装废弃物的产生，对经济与环境造成双重意义上的损失。

（5）主要空气污染物和二氧化碳年排放量

由于货物运输车辆排放的尾气对途经地区的空气造成污染，二氧化碳会带来全球气候变化，主要空气污染物和二氧化碳年排放量是衡量物流业发展对生态环境影响的重要指标。

（6）水域污染物年排放量

由于物流活动产生的废水和废弃物会对当地的水资源造成污染。水域污染物的年排放量也是衡量物流业对环境影响的重要指标。

（7）货运能源年消耗量

货物运输消耗大量能源，是物流活动中能源消耗的主要环节。货运能源年消耗量可近似用"不同交通工具汽油、柴油年消耗总量×货运交通工具占交通工具总数的比例"表示。

（8）物流设施对土地资源占用率

物流用地是各种物流功能及设施的空间载体,是承载各种物流设施的城市建设用地的总称。物流设施对土地资源的占用率＝生产经营性物流服务所使用的物流设施占用的土地面积/城市建设用地面积×100%。

（二）物流业外部评价指标

物流业外部评价指标从经济发展水平、生产消费与流通、政府政策导向、社会信息化建设等四个维度反映物流业外部环境的情况。

1. 经济发展水平

经济发展水平影响着一个地区物流的发展水平与发展规模,体现了推动物流发展的内在需求动力,对物流业规模及性质有着决定性的影响作用。

（1）GDP

GDP 即国内生产总值,是指在一定时期内一个国家或地区的经济活动中所生产出的全部最终产品和劳务的价值。GDP 所反映的宏观经济发展状况体现了物流业发展的基础环境以及经济环境对物流发展的支持程度。

（2）人均 GDP

人均 GDP 即人均国内生产总值,是在一定时期内一个国家或地区实现的生产总值与所属范围内的常住人口的比值,也是衡量生活水平的一个标准,常与购买力平价结合。

（3）第三产业占 GDP 比重

第三产业占 GDP 比重是反映产业结构的重要指标。第三产业发展的好坏直接影响国民经济发展水平与质量,体现出部分对整体的影响以及结构优化能使整体发挥最大的功能。加快发展第三产业是中国经济发展战略的重要组成部分。

2. 生产消费与流通

生产消费与流通指标是生产消费等活动活跃程度的体现，直接影响着物流需求的大小。生产消费流通指标主要包括工业总产值、农业总产值、社会消费品零售总额、城镇居民人均可支配收入等内容。

（1）工业总产值

工业总产值是指一定区域内的工业企业在一定时期内所生产的产品的效益总和，反映了工业的发展状况及其生产能力的大小。工业生产能力直接决定着工业对物流服务的需求总量。

（2）农业总产值

农业总产值是指一定区域内的农业在一定时期内所生产的农产品的价值总和，反映了农业的发展状况及效益的多少。农业总产值直接影响着农业对物流服务的需求总量。

（3）社会消费品零售总额

社会消费品零售总额是指批发和零售业、住宿和餐饮业以及其他行业直接售给城乡居民和社会集团的消费品零售额，从各行业的经营销售角度反映社会生活对物流服务的总需求规模，也是生产流通领域中决定物流业发展潜力的重要指标。

（4）城镇居民人均可支配收入

城镇居民人均可支配收入是指城镇居民家庭人均可用于最终消费支出和其他非义务性支出以及储蓄的总和，是国家扩大内需的重要指标，也是影响居民对物流服务质量及需求量大小的重要因素。

3. 政府政策导向

现代物流业覆盖三大产业，又涉及居民消费领域，与很多行业和部门密切相关，具有系统化、专业化、社会化、信息化等特点。因此，需要有关部门综合统筹，制定前瞻性产业发展规划，提供宽松的外部政策环境，实现运输、贸易、物流的便利化和开放性。政府物流政策导向的具体分项指标包括进入和退出管制、质量管制、价格管制、融资管制、信息管制等，由专家打分评价。

4. 社会信息通信建设

社会信息通信建设反映了社会信息化发展水平,体现了一个国家在何种程度上利用信息通信技术,以促进增长和发展。

（1）邮电业务总量

邮电业务总量是指以价值量形式表现的邮电通信企业为社会提供各类邮电通信服务的总数量。该指标综合反映了一定时期内邮电业务发展的总成果,是研究邮电业务量构成和发展趋势的重要指标。

（2）互联网普及率

互联网普及率是指互联网用户数占常住人口总数的比例,国际上通常用来衡量一个国家或地区的信息化发达程度。

（3）移动通信普及率

移动通信普及率是指使用移动通信服务的用户数占常住人口总数的比例,可衡量一个国家或地区的移动通信发达程度。

（4）信息传输、软件和信息技术服务从业人数

信息传输、软件和信息技术服务从业人数在一定程度上反映了该行业的发展规模。

三、综合评价的方法

物流业发展综合评价由以下几个步骤组成(见图 19.1)。首先,从具体的物流业发展评价问题出发,明确评价目标。根据指标选取的基本思想和原则,从物流业的内部评价和外部评价两个方向选取指标。接着,对物流业发展水平的评价指标进行分类,构造指标之间相互联结的递阶层次结构。可参考层次分析法(AHP)的基本原理,确定各层次的指标权重。然后,对采集的指标数据进行无量纲化处理采用集结的方法实现综合评价。对于定性指标,可将指标取值定义为若干个等级,采用专家打分的方式进行数据采集。最

后，在以上工作的基础上，建立系统全面的指标体系，并对物流业发展进行综合评价。

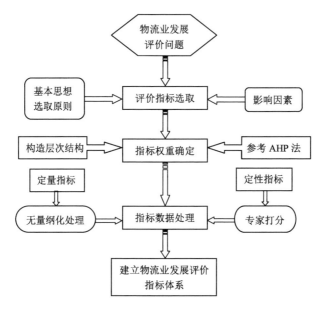

图 19.1　物流业发展综合评价框架

第 20 章
构建物流强国政策体系

　　物流业发展需发挥市场机制的决定性作用,但也离不开政府的支持、引导和促进作用。物流强国建设需要市场机制与政府作用的有机结合。中国政府高度重视物流业发展,出台了一系列政策,成效显著。在新的历史时期,面对新历史性任务,传统政策设计和着力点还有很大改善与调整空间。未来的政策制定,要紧紧围绕着现代化物流强国建设,坚持系统思维、创新意识、时代眼光、全球视角,以促进物流业高质量发展为主线,推动物流业完善体系,进行优化结构、增强功能、创新模式、创造价值等系统性变革,促进物流质效跃升,实现物流业由大变强的根本性转变。

一、完善物流管理体制与治理机制

　　物流是综合性的经济社会活动,涉及国民经济众多部门和领域,物流活动的高效率需要各环节之间的有效协调。宜从"全国一盘棋"角度,理顺物流领域中市场与政府、中央与地方、部门与部门、地区与地区之间的关系,通过机构和职能的合理调整和权责的合理配置,探索建立起权责一致、分工合理、决策科学、执行顺畅、监督有力的大物流管理体制,以统筹协调交通运输、邮政快递、仓储、配送、包装、装卸搬运、信息等领域。研究制定中国物流业发展总体战略和中长期发展规划,明确战略目标,研究国家物流系统、全球物流体

227

系和物流现代化的推进步骤与策略。在统筹考虑物流干支线、主次枢纽规划建设的基础上，依据各种物流设施的衔接程度和能力，在全国范围内合理规划物流资源的空间布局，防止盲目和重复建设。加快制定一系列适应物流现代化的法律规章，清理部委或地方制定的相互冲突的政策法规和存有地方保护主义的政策法规。

建立大物流管理体制有利于通过总体战略规划和一体化政策，引导、组织物流基础设施建设与互联互通，提高现有物流基础设施资源的整合和综合利用，对现有设施的规模、布局、功能等进行科学整合，提高现有设施的利用效率；加强新建设施在规划上的宏观协调、功能整合和互联互通，使物流规划、不同运输方式的场站建设规划、工业及商贸流通业的仓储设施规划等能够有机衔接，构建现代物流发展所需的高效基础设施体系。也有利于物流服务和运营一体化，有利推动物流业与产业、区域联动发展。

要充分发挥物流行业协会等中介组织在政府与企业间的桥梁与纽带作用，发挥其在行业自律、技术推广、产业重组、统计信息、贸易争端、劳动者权益、民间外交、国外同行交流合作、咨询服务等方面的积极作用。

二、建设高标准物流市场体系

推动物流市场化改革，健全市场规则，完善物流价格形成机制。建立公平透明的市场准入标准，进一步放宽对物流企业资质的行政许可和审批条件，改进审批管理方式，鼓励物流企业开展跨区域网络化经营。消除地区和部门壁垒，形成"统一开放、规范有序、公平竞争"的物流大市场，建设高标准物流市场体系。加强对物流市场以及物流活动在资源、环境、安全和服务质量方面的监管，加强对物流业市场竞争行为的监督检查，监督企业履行社会责任。构建涵盖合同规制、企业内控、政府监管、行业自律、社会公众监督"五位一体"的物流信用规制体系。完善物流企业和从业人员信用记录，纳入国家统一的信用信息平台。建立跨地区、跨行业的联合惩戒机制，增强企业诚信意识。鼓励企业通过整合资源提高物流市场集中度和集约化运作水平，减少低水平无序竞争。

三、优化物流财税金融市场监管交通海关政策

设立推动物流业结构优化与升级的财政专项资金,支持物流数智化、物流绿色化、物流国际化、西部物流基础设施、农村物流基础设施、城市公共物流平台、城乡物流一体化发展。支持关键物流技术创新、高端物流装备制造发展,支持农业、食品、药品、危险化学品,制造、商贸、电子商务与物流业联动发展。

形成适合物流体系完善和物流业结构升级的税收政策。解决物流各环节增值税、土地使用税等税率不统一问题,物流各环节使用统一发票,设置统一税率。允许符合条件的大型物流企业总分机构统一申报缴纳所得税;支持物流企业与银行间开展总部对总部结算模式。

加快投融资体制改革,形成筹融资主体多元化、筹融资渠道多样化、筹融资形式多样化、筹融资结构合理化的投融资新格局。大力发展物流金融、供应链金融和物联网金融等。积极探索物流基础设施的 PPP 模式。

改进市场监管和营运管理等政策。调整物流相关业务的资质登记要求,精简相关资质证明,资质证明允许企业分支机构在全国通用。扩大营运证件跨区域使用范围,允许物流企业运营车辆异地年检。

完善和优化收费公路政策,逐步减少收费公路费范围,降低收费水平。建立健全城市交通政策,解决城市配送车辆进城难、停靠难问题。

完善和优化海关政策,提高海关运行效率,推进物流通关便利化。

四、优化物流产业组织政策

鼓励优势物流企业强强联合,培育规模化、品牌化、现代化的大型物流企业集团。鼓励不同规模的物流企业加强信息沟通,优势互补、合作共赢,实施

提升服务能力、质量、专业化水平和特色化的兼并重组。支持国有物流企业深化改革、完善机制、业务重组和优化治理结构,推动国有物流企业战略性重组。鼓励民营物流企业通过参股、控股、资产收购等多种形式,参与国有物流企业的改制重组。鼓励区域内以及不同区域间的物流企业兼并重组。鼓励行业外社会资本进入,支持生产、流通企业与物流企业联合重组。

五、优化区域物流政策

以建设丝绸之路经济带、海上丝绸之路、京津冀协同发展、长江经济带发展、粤港澳大湾区建设、长三角一体化、成渝地区双城经济圈建设等国家重大区域战略为契机,抓住国家实施区域发展总体战略和产业布局调整优化的历史性机遇,合理布局物流重大基础设施、物流通道,优化物流网络空间布局,推进区域物流协调发展。充分发挥全国性和区域性物流节点城市的辐射带动作用。加快建设重点物流区域和联通国际国内的物流通道,建立物流发展的区域协调机制,促进物流基础设施互联互通和信息资源共享。处理好东部、中部、西部、东北地区之间物流动态平衡发展的关系,处理好新建物流基础设施与整合利用现有条件之间的关系。

六、完善物流国际合作政策

积极参与全球运输、物流治理、供应链治理。深度参与国际铁路、航空、海运、公路、管道、邮政、多式联运等相关规则、标准的制定和修订,增加中国在全球物流治理中的话语权,保障国际运输通道与供应链安全。参与全球能源治理,推进国际油气管道互联互通。加强与周边国家的双边与多边运输合作机制建设,推动与国际通用运输法律法规和技术标准的对接,消除跨境运输制度性障碍。加强各国海关合作,在边检口岸建立"单一窗口"以及促进电子海关和授权经济运营商认证体系的发展,降低清关成本,缩短中转时间,推进通关便利化。与各国共同推进建立统一的全球物流政策协调机制,促进国际通关、换装、多式联运有机衔接,推动形成兼容规范的全球物流政策体系。

支持物流企业开拓和利用国际市场,提升物流企业适应国际市场的能力,不断拓展国际化发展空间。支持国内优势物流企业兼并重组周边、新兴市场、欧美等国物流资源,延伸服务网络,逐步建立覆盖全球的物流网络;简化项目审批程序,完善信贷、外汇、财税、人员出入境等政策;对符合条件的大型物流企业,在境外投资的资本金注入、外汇使用等方面给予支持;政府有关部门和驻外使领馆注重了解和介绍国外投资环境,为"走出去"的物流企业提供信息和法律服务。

七、完善物流创新政策

中国物流业正进入创新的活跃期,要创新体制机制,加大对物流业数智化绿色化转型升级的支持力度。对物流新技术、新服务、新商业模式,相关政府主管部门应采取"包容、审慎、开放、促优"的态度,允许其先行先试,在创新中加强规范,在规范中促进创新。让市场决定创新资源的配置,推进物流创新模式的发展。支持物流企业创新合作和联盟。推动建立以企业为主体、市场为导向、产学研金相结合的创新体系,营造有利于物流企业创新发展的创新生态环境。

八、完善物流标准化政策

完善国家物流标准体系框架,加强通用基础类、公共类、服务类及专业类物流标准的制定工作。将物流标准化内容列入国家技术标准发展的总体规划,结合中国的实际情况,加快对现行的传统物流标准的修订和现代物流新技术标准的制定。注重与国际物流标准及其他产业标准的衔接,密切跟踪物流国际标准动态和物流信息新技术的发展态势。在国内成功物流创新实践基础上,积极参与国际标准的制定,进一步加强国际合作和物流标准制定修订的统一协调。加大先进物流标准的实施力度,努力提升物流服务、枢纽和设施设备的标准化运作水平,推进重点物流企业参与专业领域物流技术标准和管理标准的制定和标准化试点工作,加强物流标准的培训宣传和推广应用。

九、完善绿色物流政策

加快建立绿色物流评估标准和认证体系,完善能耗和排放监测、检测认证制度。借鉴发达国家的实践经验,逐步完善物流业在环境方面的政策法规。鼓励采用低能耗、低排放运输工具和节能型绿色仓储设施,大力发展逆向物流,鼓励包装重复使用和回收再利用,构建低环境负荷的循环物流体系。

引导物流企业将其经营战略与环境保护有机联系起来,加强物流业中仓储、运输、包装、装卸搬运、流通加工等各个作业环节的环境管理和监督;通过采取各种优惠政策引导和支持企业加强绿色运营的技术创新,积极实施绿色供应链管理,以资源利用率最大化为目标,在投入节约、原材料替代、污染控制和预防技术、废弃物循环利用、清洁生产等方面不断提高技术能力,改造现有物流设备,调整物流经营结构,提高物流服务绿色化水平。

优化运输结构,合理配置各类运输方式,大力发展共同配送、统一配送、多式联运等物流组织模式。提高交通运输装备燃料利用效率,加强交通运输碳排放管理。加强铁路和水运建设,大力发展甩挂运输,推广使用节能和新能源汽车,促进社会低碳交通选择。通过有限的交通量提高物流配送效率,采取有效措施从源头上控制物流活动的环境污染,治理车辆废气排放,推广使用绿色节能交通运输工具。

十、完善物流人力资源政策

加强物流经济、管理、技术、工程等学科建设和理论研究,制定中长期物流教育、培训和人力资源规划。实施全球化物流人才战略，大力引进国外高水平物流理论、管理、技术、工程和科研人才。加强高等院校、科研机构、行业协会、企业、智库等合作，发展多层次物流学历教育和人力资源培训体系，加强物流职业技能教育，完善物流职业资格认证。

后记
厚德载物　道法自然

物流的至善境界是"厚德载物,道法自然"。厚德载物,即物流服务要适时、适地、适物、适人、适性;道法自然,即物流服务要遵循动静结合、时空结合、点线结合、虚实结合的原则。

建设物流强国,是人民之需、国家之需、时代之需、世界之需。从国内看,物流业未来发展要能有效承载规模巨大的实物流动,提供更快更好更优的服务,辐射网络覆盖城乡,促进增长与繁荣。从国际看,物流业要形成与中国作为全球第二大经济体、第一贸易大国、第一大消费中心相适应的发展格局,构建连接世界的强大网络,提供有竞争力的全球物流服务。

为此,需要因循"见性、因势、循道、厚德、得法"的大道,对物流业进行系统性变革。

"见性"。物流业发展首先要认识自身,明悉行业本质属性,辨明存在与发展的价值与意义,明白"我是谁、我为谁、我与谁,从哪来、往哪去"。不偏离本性,才能正确定位不失根本。

"因势"。物流业发展不仅要认识自身,还要认识现实,洞见未来、认识中国与世界,把握"时势、位势、态势、趋势",清楚行业发展处于什么时段,面临怎样的经济、社会、科技、生态等环境条件,在全球格局中处于什么地位,面对什么样的竞争态势,未来发展可能的趋势等。唯有审时度势,识势通变,方能因势利导、顺势而为。

"循道"。物流业发展需遵循规律、掌握规律、运用规律、合乎规律。认识和运用供需规律、竞争规律、生命周期规律、变化规律、创新规律,以及事物普遍联系、相互作用、相生相克的规律,知本末、终始、先后、动静、虚实之理。以"抱一为天下式"的全局观、整体观和系统观,总揽全局、高瞻远瞩、兼容并包,系统辩证地考虑到方方面面的因素。

"厚德"。物流业实现长远发展要基于"德"。符合人类发展需要和人类文明进程,体现善念、善品、善行、善举。根据需求、形势、趋势、要素等条件变化,能够持续迭代、精进不懈、精益求精,不断提质升级,兼顾创新发展、绿色发展,以期止于至善。

"得法"。建构有利于物流业发展的体制机制、法律法规、政策标准、文化舆论等,引导、规范、促进物流业健康持续发展,激励市场主体释放活力,保障企业高效生产经营,促进企业积极进取。厚植适宜产业生长、发展的土壤。

成为物流强国只是阶段性目标,物流业终极目标是"无",即为人类社会实现一种"无时不刻、无所不在、无所不备、无所不涵、无所不能、无所不至"的服务。

"无"的实现,需要"志于道,据于德,依于仁,游于艺"。一个国家、一个民族、一个行业、甚或是个人的发展,都要志存高远、脚踏实地、内外兼修、博采众长,唯此才合乎道合乎理,才能赢得长远未来。物流业发展亦如是。

魏际刚

2024 年 3 月于北京